¿Qué hacen las personas INTELIGENTES?

Ante un fracaso económico

SILVIA TORRES ARGÜELLES

Nombre del libro: ¿Qué hacen las personas inteligentes?...
Ante un fracaso económico
Autor: María Silvia Torres Argüelles
Diseño de portada: Vania Negrete/Comunicación Global
Design.
Diseño de impresión: Nayelly Guadarrama/
Comunicación Global Design
Edición y coedición gráfica: Heidi Velázquez, Ofelia
Ramos, Aziyadé Uriarte/Comunicación Global Design.

© Del texto, 2021, (María Silvia Torres Argüelles)
Primera edición: junio 2021

Registro de obra: 03-2021-061511342000-01
ISBN: 9786072929951

www.comunicaciongd.com   www.autopublicatulibro.com

Dedicatoria

A ti, que me estás leyendo y que buscas mejores resultados en tu vida.

A Santiago, Gerardo y Cecilia Mercedes, con todo mi amor.

Visita mi página

  Silvia en Consciencia

Agradecimientos

Carlos Marín, Esperanza Durán, Óscar Velasco Chávez, Claudia Villaseñor Rangel de Alba, Paloma Rodríguez Prendes, Fabiola González, Leonardo Daniel de Rodas: todos ustedes han sido mis mentores, mis sanadores o mis *coaches* en momentos decisivos de mi vida y me han ayudado a transformarme.

A mis amigas, por nunca soltarme de la mano y siempre creer en mí.

A mis padres, que me enseñaron con el ejemplo lo que es la honorabilidad, el trabajo y la entrega.

A todos ustedes, ¡muchas gracias!

Índice

Prólogo...11

Introducción..13

Un poco de mi historia 15

Disclaimer o aclaración pertinente 27

CAPÍTULO 1
Cuatro virtudes básicas....................................29

CAPÍTULO 2
Reactivo, proactivo 43

CAPÍTULO 3
A los 65 años (tipos de ingresos).....................47

CAPÍTULO 4
Toma responsabilidad por tu vida...................55

CAPÍTULO 5
Creencias 59

CAPÍTULO 6
Enfoque...69

CAPÍTULO 7
Objetivos claros, precisos y medibles,
¿o todo lo contrario? 73

CAPÍTULO 8
¿Qué haces con tu dinero? 83

CAPÍTULO 9
Presupuesto bajo control..................................87

CAPÍTULO 10
El siguiente paso lógico 99

CAPÍTULO 11
Hábitos, postulados, decretos 103

CAPÍTULO 12
Internet, app, plataformas,
redes sociales 107

CAPÍTULO 13
O.D.A. 111

CAPÍTULO 14
Elevador causa/efecto 115

Conclusión 125

Bibliografía básica recomendada 130

Prólogo

Tener el privilegio de ser una de las primeras en leer este libro sin duda alguna me llena de orgullo y de una gran admiración por Silva, quien ha sido una gran amiga desde hace más de 10 años.

Conozco su historia y puedo dar fe, sin duda, de lo disciplinada y preparada que está respecto al tema de finanzas. He sido testigo fiel de las ocasiones en las que se ha levantado con la frente en alto después de grandes tropiezos, así como de los valores que sostienen la calidad de ser humano que tiene. Sin duda alguna, me invita frecuentemente a guiarme de su experiencia en el manejo de las finanzas.

Para mí, hablar de finanzas personales es un talón de Aquiles y Silvia logra exponer este tema de una manera clara. Me encanta cómo lo hace ver muy fácil de hacer, convirtiendo un proceso que requiere orden y disciplina en un ABC sencillo de emplear y seguir.

¡Agradezco infinitamente que sea así!, especialmente porque es un tema que, en lo personal, había dejado en manos de mi antiguo esposo. Ahora me encuentro sola y con la necesidad de hacerme cargo de mis propias finanzas y de una economía que generar por cuenta propia. Por ello, contar con este libro como herramienta de aprendizaje es, sin duda, como diría Silvia, "la gallina de los huevos de oro".

Estoy segura, querido lector, de que encontrarás en este documento, así como yo, un acompañamiento profesional que, si lo realizas al pie de la letra y eliges entrar en acción, te llevará sin duda a un gran progreso, incrementando tus ingresos.

Sé que frecuentemente escuchamos lo importante que es ahorrar, realizar algún perfil de inversión, tener un ingreso mediante un empleo seguro; sin embargo, en pocas o ninguna ocasión se nos explica cómo hay que hacerlo. Solo si estás comprometido con tu propia economía buscas educarte en el tema. Para ello está este libro.

Hay algunos conceptos sobre finanzas que ya tenía claros. Sin embargo, me resultó magistral el sistema que se crea al unir las ideas de distintos autores y lo potentes que pueden ser al trabajar juntas: plantear un objetivo, la distribución de los recursos, generar diferentes fuentes de ingresos, dar seguimientos a los procedimientos en el elevador causa/ efecto.

Todo esto junto crea un panorama integral que evita las fugas de los recursos económicos y una energía de abundancia que crece.

Gracias Silvia por tu entrega, disciplina, compromiso para con tu proyecto de vida, una hermosa forma de trascender en esta existencia.

Fabiola González Hernández
Psicóloga logoterapeuta,
certificada en descodificación biológica

Introducción

¿**P**or qué escribir otro libro acerca de sanar o mejorar las finanzas? ¡Pues porque mucha gente todavía no sabe cómo hacerlo! Por eso.

¿Qué hacen las personas inteligentes ante un fracaso económico? Pues lo que aconseja el dicho popular: "cuando pierdas, no pierdas la lección".

En este libro te voy a dar muchos más consejos que solo aprender la lección (que es muy buen consejo, por cierto), pero me imagino que también estarás interesado en evitar pérdidas o fracasos, y aquí te voy a decir cómo hacerlo.

En esta pandemia por COVID-19 he visto a muchas personas perder sus ingresos o verlos drásticamente reducidos. Además del horror generado en la salud, muchos han caído en la desesperación y en la depresión por no tener dinero.

Las vidas perdidas no pueden recuperarse, y te mando un abrazo si has perdido a alguien cercano. De corazón, elevo una oración por su descanso eterno y por tu pronto consuelo.

Pero si me estás leyendo, yo estoy aquí para decirte que tu vida sigue y que tú puedes volver a levantarte y ser aún más próspero de lo que eras antes.
No importa cuál sea tu edad, sexo, profesión, estado civil, nivel educativo o estado financiero, en este libro encontrarás información útil con la que podrás prosperar, si la pones en práctica.

Deja te cuento cómo decidí escribir este libro...

Aburrida en mi casa por el confinamiento, comencé a

compartir consejos, en grupos de WhatsApp y redes, acerca de finanzas y economía, y empezó a gustarme el tema. Comentaron mis publicaciones y este libro prácticamente se fue escribiendo solo.

Sin embargo, me di cuenta de que muchas personas, a pesar de conocer la información, no la aplicaban. Muchas cosas eran tan básicas que parecían consejos de abuelita y quizá ese era el problema. Entonces, me di a la tarea de estructurar la información y presentarla de manera más formal, con la esperanza de que así pudiera ser tomada en serio, pues son datos básicos, pero también esenciales.

Luego, me di cuenta de que, para ser congruente y tener credibilidad, debía compartir un poco de mi historia y de cómo es que yo me he caído y he seguido los consejos que encontrarás en este libro para levantarme nuevamente. ¡Uff! ¡Todo un reto!

Aquí te iré dando, querido lector, mucha información que conforma, paso a paso, una estrategia eficiente y fácil de aplicar para mejorar tus finanzas y lograr la tan anhelada libertad financiera.

Quienes me conocen saben que mi "ventana de oportunidad", el tema en el que podría (y eso hago) mejorar, es precisamente mi historia, pues está plagada de emociones que muchas veces he tratado de reprimir. A pesar de que llevo años trabajando en sanarme, el crecimiento personal es un camino que nunca termina y siempre surge algo más en lo que puedo evolucionar.

Así que, con mucho valor y esfuerzo, voy a contarte algunas partes de mi historia que espero te inspiren para lograr lo que sea que quieras conseguir.

Un poco de mi historia

D e entrada, soy la típica niña sándwich: esa que no tiene un lugar predominante en la familia. Además, soy la tercera de tres hijas (luego nacieron dos varones), así que imagino que a mis papás no les entusiasmó mucho mi sexo.

Mi hermana mayor tuvo encefalitis siendo aún un bebé y quedó con retraso mental profundo (fue un golpe durísimo para mis papás; no puedo ni siquiera imaginarlo) y yo soy físicamente la más parecida a ella.

Esta hermana vivió 29 años, y creo que inconscientemente mi mamá me castigaba por ese parecido físico. Si hacía bien o mal las cosas, no importaba: mi mamá prefería criticarme que darme un abrazo. Mi papá se refugió en su trabajo, aunque siempre estuvo ahí cuando yo le pedí ayuda y consejo.

Para colmo, siempre me ha gustado investigar y reflexionar, por lo que no he querido ir con la inercia de la manada. Mis papás fueron excelentes personas, pero muy tradicionales; esa niña rebelde les generaba muchos dolores de cabeza.

Traté (te prometo que lo hice) de ser una "niña normal" buscando el afecto de mis papás. Estoy segura de que ellos me amaron mucho, pero yo no recibí ese mensaje de pequeña. Ahora, ya siendo adulta, les agradezco todo lo que hicieron por mí, con sus mejores intenciones y con todo su amor.

Tuve mil eventos de rebeldía en mi infancia y adolescencia, aunque cada vez eran más distanciados. Llegó el día en que me convencí de que yo podía ser feliz siendo lo que los demás esperaban de mí: una "señorita decente".

Estudié una carrera y me casé con el novio que, finalmente, mis papás aprobaron.

De ahí en adelante las cosas no fueron muy bien. Yo estaba enamorada (o al menos así lo creía) de ese muchacho dinámico, confiado, aventurero, exitoso... Él no lo estaba, y yo no lo sabía.

Desde la luna de miel hubo señales de que las cosas no estaban funcionando. Por ejemplo, se me perdía de vista todo el día ¡y estábamos en un crucero! Yo me pasaba el día sola en la alberca y cuando lo veía en la cena y le preguntaba qué había hecho, me contestaba que había estado en el casino, en el cuarto de máquinas y no recuerdo en qué otros lugares, pero nunca fue a buscarme a la alberca, donde sabía que yo estaba.

Estando enamorada y deseando que todo fuera bien, yo lo justifiqué diciéndome a mí misma que era normal que un empresario necesitara libertad y que no había ningún problema. Así que le di toda la libertad que puede darse.

Regresando de la luna de miel, yo quise volver a trabajar y recibí una muy buena oferta de empleo, pero mi esposo (lo voy a llamar Godofredo, aunque ese no es su nombre) se molestó y me dijo que él quería que yo le ayudara en sus negocios. Obvio, yo quería trabajar con mi flamante esposo y generar juntos nuestro bienestar, por lo que rechacé la otra oferta de trabajo. Craso error: nunca me permitió involucrarme en sus negocios.

Pero yo seguía enamorada y entonces me dediqué a cocinarle los platillos que creí que le iban a gustar. Otro error catastrófico: él nunca llegaba a tiempo para comer.

Me decía que llegaba a una hora determinada, a la media hora le marcaba para saber dónde estaba, me aseguraba que estaba ya en el coche; a la hora volvía a marcar, me contaba que se entretuvo con un cliente, pero que ahora sí estaba en camino; a la media hora me decía que había llegado otro cliente... Así siempre. Yo comía sola, enojada, con hambre, una comida reseca y quemada por calentarla tantas veces. Decidí darle más libertad y que comiera donde él quisiera, pues yo lo iba a hacer igual.

Todos los días llegaba muy tarde de trabajar y se ponía a hacer llamadas por teléfono. Al día siguiente se iba a trabajar y vuelta a empezar.

Lo veía los fines de semana que íbamos con su familia a una casa de campo en Valle de Bravo. Ahí, por lo menos, yo tenía con quién platicar, aunque rara vez era con él.

Entonces, comencé a tomar todas las clases que me interesaban: francés, historia, baile árabe, apreciación musical, el gimnasio... Desde fuera parecía una vida maravillosa y hasta llegué a pensar que era mi culpa no sentirme feliz y realizada.

Siguiendo mi plan de "ser decente", me embaracé y me dediqué en cuerpo y alma a ser mamá (los hijos son una BENDICIÓN; así, con mayúsculas). Agradezco a Dios el privilegio de ser mamá y bendigo sus vidas.

Cuando entraron mis hijos a la escuela me empezó a sobrar tiempo, y fue entonces que me invitaron a abrir una posición como distribuidora de una empresa de mercadeo múltiple o multinivel, a la que llamaré "A". Los productos me encantaron y el proyecto de generar mucho dinero me gustó, pues creí que así Godofredo me voltearía a ver.

Para ese entonces, mis problemas habían aumentado. Seguíamos siendo una pareja MUY distanciada, pero ahora yo tenía problemas para pagar las cosas básicas.

El carnicero ya no recibía mis cheques, pues siempre rebotaban, y las tres tarjetas de crédito que Godofredo me había dado tampoco pasaban en el supermercado. Comprar comida era un trámite vergonzoso.

Él me decía (siempre) que había un cheque en tránsito que no se había abonado, pero que al día siguiente ya estaba todo solucionado. Por supuesto, no era verdad, y al día siguiente volvía a decirme que el cheque seguía en tránsito.

Así que los ingresos que empecé a generar en "A" los usé para pagar los gastos de la casa, las escuelas, las vacaciones, los autos, los seguros médicos... en fin, todo. Poco a poco fui abarcando más cosas por pagar, e incluso llegué, en dos ocasiones, a pagar la nómina de los trabajadores de las empresas de Godofredo.

"María de las mensas", ya lo sé, no necesitas decírmelo. Y todavía hay más; sigue leyendo.

Me dediqué a ser mamá y a desarrollar mi negocio con todo mi compromiso en ambas tareas.

Empecé mi trabajo sin saber bien lo que hacía, con mucho miedo e inseguridades.

Poco a poco fui aprendiendo y mejorando hasta expandir mi red a nivel no solo nacional, sino también a otros países de habla hispana.

¡Aprendí muchísimas cosas! A manejar grandes organizaciones, a ser mentora comprometida con muchos amigos que buscaban la posición que yo estaba logrando, a ser una líder congruente, a hacer contrataciones millonarias, a mantenerme dentro de la ética que requería mi trabajo, a enfocarme en mis objetivos, a usar la fuerza del grupo, a negociar para que todos los involucrados estuvieran de acuerdo (y realmente fuera un ganar-ganar), a leer libros a una gran velocidad, a poner mis conocimientos en práctica, a tener siempre lista mi maleta de viaje, a mantener una buena relación con mis amigos y con mi familia, logrando tiempo de calidad (pues mucho tiempo no había), a dormir rápido en cualquier oportunidad, a amamantar a mi tercera hija en *back stage*, procurando que no se lastimara con mi vestido de lentejuelas, a ser mamá trabajadora, pero siempre presente en la vida de mis hijos.

Además de seguir creciendo en mi organización, me convertí en conferencista internacional, ya no solo de países de habla hispana. Por ello, comencé a estudiar portugués y también a desempolvar mis conocimientos del idioma italiano. Afortunadamente, desde niña ya había aprendido a hablar inglés.

Y no creas que descuidé mi crecimiento personal, pues todavía me di tiempo para comprometerme con mi desarrollo espiritual y también asistir tres horas a la semana a cursos de apreciación musical, que llenaban mi espíritu de dicha.

Finalmente, mi trabajo en "A" me llevó a alcanzar el rango de Diamante, que es una posición muy, muy buena.

Ya sé lo que estás pensando: ¡bravo, bravísimo! La verdad, sí, fue uno de mis éxitos más lindos a nivel profesional.

Parte del sistema con el que yo trabajaba hacía hincapié en edificar al cónyuge y en desarrollar el negocio en pareja, por lo que yo hacía todo el trabajo y Godofredo participaba, junto conmigo, en eventos públicos. A él le encantó el escenario.

Para ese entonces y aun estando casados, él ya vivía en otra casa (que había comprado hacía poco y que puso a su nombre), a escasos 200 metros de distancia de la mía. Yo pagaba su gas, luz, teléfono, jardinero, etcétera.

Nos veíamos los fines de semana en la casa de campo en Valle de Bravo y, por supuesto, en los eventos públicos de "A". Ni siquiera mi familia sabía esto, pues a mí me daba vergüenza.

Siendo ya Diamante, un día me pidió que lo agregara al contrato comercial que yo tenía con "A", y así lo hice, ya que era lo correcto conforme a la educación tradicional que recibí: se me enseñó que lo que generaba uno era para la familia y pareja, que al hombre había que admirarlo, que el hombre era el proveedor... Y lo arreglé todo con un plumazo: fuimos con un notario y cambié mi negocio a nombre de una empresa en que Godofredo y yo éramos socios al 50 por ciento. Finalmente, logré estar casada con un Diamante de "A", que era proveedor de su familia. ¿A poco no soy un encanto?

Entonces comenzó a tener faltas de ética con los distribuidores que formaban mi red. Para colmo, mi mentor había decidido vender su posición por cuestiones personales. Me quedé sin nadie que me ayudara a controlar la situación.

En una de las poquísimas discusiones que tuve con Godofredo (casi no nos hablábamos, ni para bien ni para mal), me confesó que se había casado conmigo porque era mejor sujeto de crédito estando casado que siendo soltero.

Eso me cayó como balde de agua helada. De repente todo empezaba a tener sentido: su abandono, su frialdad, sus abusos...

No te creas que fue fácil. Te lo cuento así a las carreras, pero en ese momento yo me encontraba muy sola y confundida (recuerda que yo creía que era feliz).

Decidí que necesitaba salir de esa situación y rescatarme a mí misma.

En esas fechas, en México necesitabas tener una causal para acceder a un divorcio necesario (no había manera de llegar a ningún acuerdo con él), así que recurrí a una controversia familiar estableciendo que él vivía en otra casa y pidiendo la custodia de mis hijos y una pensión para su alimentación.

En cuanto él fue notificado, la violencia pasiva que había tenido hacia mí se convirtió en violencia activa.

¡Ay!

¡Mega ay!, en verdad.

Fueron tiempos difíciles.

Tuve que levantar dos juicios penales para protegerme, pues realmente temía por mi vida.

Un juicio fue por falsificación de mi firma en documentos oficiales ante la Secretaría de Hacienda y el otro por violencia familiar y amenazas de muerte.

No tuve el dinero para continuar el juicio por falsificación de mi firma, y el de violencia familiar tuve que dejar que se empolvara, pues pedían que mis hijos testificaran. No los quise exponer a ese proceso pues, aunque solo dijeran la verdad, estarían actuando contra su padre, y eso los dañaría psicológicamente.

De todas formas, esos juicios evitaron que recibiera más agresiones físicas, y agradezco el trato que recibí en las delegaciones, centros de atención para la violencia familiar y ministerios públicos a los que acudí.

Mientras atendía estos tres juicios (los dos penales y la controversia familiar), me notificaron que Godofredo me demandaba un divorcio necesario acusándome de adulterio, violencia familiar e injurias graves. Pedía que yo perdiera la patria potestad de mis hijos y el derecho a habitar en mi casa. Ja, ja, ja, ja. Aquí fue donde ya me enojé.

Hice una contrademanda de divorcio (se llama reconvención, en términos jurídicos) acusándolo de incumplimiento en el pago de la pensión alimenticia, violencia familiar, abandono de hogar sin causa justificada e injurias graves.

Pude probar todo menos las injurias, pues en público nunca me insultaba y no tenía testigos ni pruebas. La violencia familiar tampoco se acreditó, pues en ese entonces se requería que los cónyuges cohabitaran (afortunadamente, ya corrigieron la ley y ahora no es requisito que vivan juntos).

Después de estos cuatro juicios (dos civiles, dos penales), logré divorciarme, pero me robó mi distribución de "A" y me quedé sin dinero y con un estilo de vida altísimo para mantener.

¿Por qué perdí "A"? Pues porque no quise pelearlo en un juicio mercantil y que el padre de mis hijos terminara en la cárcel. Así de simple. Preferí perder y no lastimar más a mis hijos.

Por cierto, mis hijos se quedaron conmigo (gracias a Dios) pero había que mantenerlos y había que conservar su nivel de vida, en la medida de lo posible, para evitar que se fueran a vivir con su papá, que tenía mucho mejor posición económica que yo.

De tener ingresos de Diamante de "A" pasé a no tener ni un solo centavo para mantener a mis hijos.

Zip. Cero. Nada.

Godofredo tardó más de un año en dar algo de pensión, obligado por las autoridades. Incluso un juez familiar ordenó su arresto en El torito por incumplir este pago. Obvio, Godofredo llamó a su abogado y salió a las pocas horas debido a un amparo.

En más de 20 años no he recibido nada del emporio que levanté en "A" y del cual Godofredo sigue disfrutando. Te cuento todo esto para que me creas que yo sé lo que es pasarla mal y hacer sacrificios. Nadie me cuenta lo que es esconderles a tus hijos tus problemas para que ellos tengan una mejor infancia y probabilidad de éxito. Nadie me cuenta lo que es no tener para comprar jamón, leche, huevos, pan...

Quienes han vivido violencia familiar saben el esfuerzo que tienen que hacer para sanar, siendo casi siempre incomprendidos por quienes no han sufrido este tema. De corazón, espero que tú no hayas vivido esto y que no lo estés viviendo. En fin...

Uno de los grandes aprendizajes que me dio esta experiencia fue el darme cuenta que yo soy mucho más que mis problemas o situaciones de vida.

Quizá no pueda entender por qué viví esto, pero sí sé que me dejó lecciones muy valiosas.

Entre ellas, que realmente esta vida es un juego. No porque la vida sea poco importante, sino porque tiene todos los componentes de un juego: habilidades, barreras y propósitos.

Deseamos lograr algo y contamos con habilidades para ello, pero tenemos que superar las barreras que se interponen entre nosotros y nuestros objetivos. Así son todos los juegos. Sin embargo, nosotros NO SOMOS EL JUEGO, somos quienes lo jugamos.

Así que, ganar o perder solo te deja aprendizajes, pero nunca te puede destruir (no tu alma).

Padecí muchos otros horrores, pero no son parte del tema de este libro, ni tampoco quiero abrumarte con ellos. Quizá algún día me atreva a contarlos y a convertirlos en una inspiración para quienes viven o han vivido en violencia. Por hoy ya basta con el tema. Es algo que pasó hace muchos años y ya está superado.

Realmente, esa experiencia me hizo crecer y fortalecerme.

Continuando con mi historia, posteriormente abrí una nueva distribución en otra empresa de multinivel o *network marketing* y nuevamente formé un equipo. A la fecha soy distribuidora y consumidora entusiasta de sus productos. Formé un grupo más o menos grande, pero tuve que dejar de trabajarlo activamente por problemas familiares serios que requerían mi atención de tiempo completo.

Afortunadamente, la situación se resolvió después de algunos meses.

Mis hijos fueron creciendo y cuando terminaron la preparatoria, Godofredo les ofreció pagar su carrera en donde ellos quisieran.

Obvio, se fueron a la aventura (yo lo habría hecho igual) y ahora tengo hijos regados por todo el mundo. Actualmente, son profesionistas exitosos que me llenan de alegría y orgullo. Sin embargo, yo me quedé con el nido vacío y sin un motor que me impulsara, pues estaba acostumbrada a luchar por ellos.

Tardé varios años en sanar esa parte y encontrar que yo soy suficiente causa y razón para prosperar. No lo hice sola, debo confesar que busqué ayuda con *coaches* y sanadores espirituales, a quienes les agradezco su empatía, el trabajo que hicieron conmigo y ayudarme a descubrir los dones o talentos de sanación que siempre he tenido y que había bloqueado.
¡Era tanto lo que había por trabajar!

Decidí incursionar en el estudio de varias técnicas de sanación y actualmente llevo más de 10 años dando sesiones de terapia de acompañamiento o sanación intuitiva a personas que conozco o a quienes me refieren. Nunca he necesitado publicitarme.

Ya teniendo el nido vacío, decidí acondicionar mi casa para abrir unas suites y promoverlas en Airbnb. ¡Excelente idea! Limpié mi casa y la dejé bien linda. Antes del confinamiento por la pandemia de 2020, recibí a mucha gente de varios países, me gané la mención de *Superhost* y puse a trabajar las áreas de mi casa que no estaba usando. Espero que terminando el confinamiento regresen los huéspedes; mientras, es un ingreso potencial y pausado.

Obviamente, he tenido muchas más aventuras y algunos fracasos, pero creo que con lo que ya te platiqué has podido ver que sé cómo hacer dinero y que sé cómo empezar desde cero, desde bien abajo. ¡Y que no me rindo!

Mi historia no es la más difícil del mundo, ni mucho menos. De hecho, desde el principio conté con muchas herramientas a mi favor, como una educación universitaria, un ejemplo de integridad de mis padres, el apoyo de amigos verdaderos y mi fe inquebrantable en Dios.

Siempre me he sentido sostenida y ayudada por una fuerza superior.

No sé tú, pero yo sí creo en un Dios amoroso.
Y creo que somos eternos.
Y también creo que hay un propósito en esta Creación.
Creo que parte de ese propósito es evolucionar, ser felices y expandirnos.

Me cuesta mucho creer que el propósito sea odiarnos o destruirnos.

Me inclino a pensar que es a través del desarrollo de las virtudes como evolucionamos y que cada quien elige qué virtudes le son esenciales.

El respeto, el orden, la estética, la justicia y la honorabilidad son algunos de mis valores fundamentales.

He decido dedicarme a todo aquello que implique progreso, orden, evolución, arte, valores, salud... Mi vida vale mucho más que cualquier problema o reto que pueda presentarse.

Te digo esto con la intención de darte ánimo, pues tú también puedes hacerlo, sin importar cuál sea tu historia y tu condición actual. Y puedes hacerlo tan grande como tú decidas.

Sin importar cuántas veces te hayas caído o desde dónde, este libro te puede ayudar. Simplemente sigue los consejos que yo también seguí y que aquí te voy a compartir. Verás también por qué tuve algunos fracasos cuando no atendí a estos principios de éxito.

Ojo: mi compromiso con este libro solamente es mostrarte un camino que funciona, así que no esperes resultados diferentes si no entras en acción.

Al contrario, si pones estos consejos en práctica, me encantaría conocer tu historia de éxito y celebrar contigo a la distancia.

Deseo que tu camino sea divertido y te lleve a disfrutar de toda la prosperidad que deseas.

Disclaimer o aclaración pertinente

En mi formación como oradora en "A", escuché varias veces a diferentes diamantes decir que la información solo valía si la interiorizabas, si la hacías parte de ti, si modificabas tu conducta para que tu decir y tu hacer fueran congruentes.

Por ello, cuando citabas una frase o idea de alguien, debías decir "como tal persona dice...". La segunda vez que citabas la frase, dirías "como tal persona y yo decimos". Finalmente, la tercera y subsecuentes veces que exponías esa idea, dirías "como yo siempre he dicho".

Me pareció ético y sencillo, por lo que no tengo manera de conocer quiénes son los autores originales de algunos de los conceptos que aquí voy a compartir, tanto de lo aprendido durante mi trabajo en "A", como posteriormente en otros momentos y escenarios.

Así que, si tú eres el autor de algún concepto y no te menciono, de antemano te ofrezco una disculpa y espero te sientas muy orgulloso y satisfecho de haber colaborado a cambiar mi vida para bien. Yo te estoy muy agradecida, aunque no sepa quién eres. Si conozco la fuente original de alguna idea, por supuesto que la voy a mencionar.

De todas formas, te anticipo que mucho no es material mío: son ideas que se me compartieron, que puse en práctica y que me funcionaron.

Solamente aquello que he aprendido a través de las sesiones de sanación energética con mis clientes puedo considerarlo "original", así como los *insights* o la comprensión que he tenido, propia de mis experiencias en la vida.

CAPÍTULO 1

Cuatro virtudes básicas

*Nada ocurre porque sí. Todo en la vida es una sucesión
de hechos que, bajo la lupa del análisis, responden.*

Richard Freeman

Este material lo aprendí de una serie de conferencias grabadas que escuché hasta memorizarlas y pude darme cuenta de por qué había fracasado en algunos proyectos durante mi vida.

Antes de entrar al tema económico, es importante que tengas buenas bases para tu aprendizaje y evolución.

Esto te va a servir de guía en cualquier cosa que desees emprender, no solo en el área económica. Así que, hazte un favor: apréndete estas cuatro virtudes como te sabes tu nombre:

1. Sabiduría
2. Adaptabilidad
3. Concentración
4. Perseverancia

1. Sabiduría

¿A quién estás escuchando?
Este es un punto donde muchos nos equivocamos. Hacemos caso a quienes están cerca de nosotros: familiares, amigos, vecinos, compañeros de trabajo, personas que se ven parecidas a nosotros, etcétera. Pero ellos no necesariamente son la fuente ideal de información.

Quizá desconozcas la información que necesitas, por lo que tienes que buscar la sabiduría en una fuente confiable.

Imagina que quieres ponerte a dieta para bajar de peso. ¿Le pedirías consejos a una persona obesa? ¿Verdad que no?

Entonces, ¿por qué tomas medicamentos que no te recomendó un experto? ¿Por qué das valor a las opiniones de los demás acerca de tu pareja, de tu trabajo, de tus estudios, etcétera? ¿Son expertos?

¿Por qué escuchamos a quien, con votos de castidad, nos aconseja acerca de relaciones de pareja? ¿Por qué escuchar a funcionarios que no tienen éxito en la función que realizan? ¿Por qué escuchar a la maestra, que no tiene hijos, que te aconseja cómo educar a tu hijo en casa?

No necesitan tener títulos académicos colgados en las paredes, pero SÍ NECESITAN tener evidencias de éxito de sus acciones.

Esto es tener la fruta en el árbol. Si el árbol no tiene frutos, con cortesía ignóralos en ese tema.

Importante: cuando se trata de inversiones, finanzas o de emprender un negocio, ¿por qué prestas oídos a las opiniones y consejos de gente que no ha triunfado? Generalmente son tus cuates y vecinos, que están igual de fregados y desesperados que tú, y te dejas influir por sus opiniones.

¿Has deseado abrir un negocio con tu mejor amigo, deseando que por fin ambos salgan de la pobreza? Si tú y él son pobres, ¿quién les va a mostrar el camino para llegar a ser ricos? ¿Por qué crees que sabes cómo lograrlo?

No te va a gustar esto, pero tengo que decírtelo: crees que sabes porque eres ignorante, ingenuo y/o arrogante. Lo siento. Ya sé que no es bonito que te diga eso, pero estoy tratando de ahorrarte un proceso de aprendizaje muy costoso, en el que quizá pierdas más de lo que imaginas. La buena noticia es que puedes corregir esto.

Búscate un MENTOR. Así, con mayúsculas. Si no encuentras quién esté dispuesto a ser tu padrino o mentor, compra todos los libros que puedas acerca del tema que quieres, asegurándote de que aporten historias de éxito. Busca profesionales en el tema que atañe a tu proyecto. Empápate de la información que necesitas y toma algunas decisiones, pero no abandones nunca la búsqueda del mentor.

Tu mentor puede estar vivo o muerto y tú tienes que darle la categoría de mentor. Por ejemplo, puede ser Jesucristo para guiarte en tu relación con Dios; puede ser la Madre Teresa de Calcuta quien te guíe en cuanto a caridad y compasión; puede ser Steve Jobs para aprender resiliencia, innovación, marketing; puede ser Angela Merkel para aprender diplomacia, civismo, ética de trabajo, etcétera. Te nombro personajes conocidos, pero tú tienes que encontrar quiénes son los expertos en el tema que te atañe y quiénes de ellos tienen pruebas de éxito o frutas en su árbol.

No desestimes este punto nunca. No creas que tú sabes cómo hacer las cosas. Con seriedad, dedícate a encontrar a tus mentores.

Quienes me conocen saben que soy muy espiritual, pero que no tengo ningún empacho en reconocer que me encanta el dinero, pues lo considero una herramienta muy poderosa y divertida.

Si tú quieres prosperar económicamente, busca muchos mentores en el tema. *Mi primer millón*, de Charles-Albert Poissant y Christian Godefroy es un libro que recopila la historia de 10 megamillonarios en Estados Unidos que iniciaron sus fortunas desde cero (Disney, Rockefeller, Aristóteles Onasis, etcétera).

Al final del libro incluyo una bibliografía de lecturas recomendadas.

Por supuesto, hay muchísimo más material del tema y mi lista es solamente una recomendación para iniciar.

Busca tanto material nuevo como "clásico" que ha demostrado realmente ayudar a sus lectores.

Leer biografías de personas exitosas te hará adentrarte en la manera como ellos tomaron sus decisiones, en la perspectiva que tuvieron ante sus retos, etcétera. Son lecciones muy valiosas, si las sabes aprovechar.

Recuerda seguir buscando a tu mentor vivo mientras haces esto. Procura "duplicar" la mentalidad de los exitosos. Estúdialos con lupa y copia su manera de pensar, de actuar, de sentir... (obvio, en cuanto al tema que quieres aprender, pues todos tenemos defectos y eso no necesitas copiarlo).

Si tienes la fortuna de encontrar un mentor que esté

dispuesto a enseñarte, ¡no lo desaproveches!

Con esto, has hecho un enorme avance en tu trayectoria hacia el éxito.

2. Adaptabilidad

No importa qué tan listo e inteligente te creas, aquí necesitas reconocer tu ignorancia y estar dispuesto a aprender.

Tu actitud debe ser algo como "voy a creer lo que dices y te voy a preguntar hasta acercarme a comprender por qué dices eso que dices". Si no tienes un mentor vivo, trata de imaginar qué respondería tu mentor muerto a tus preguntas.

Haz tus preguntas sin la intención de establecer un debate, pues no estás contra tu mentor, sino tratando de comprender por qué te está diciendo lo que dice.

Obvio, si estás con tu mentor debes ESCUCHAR. Pregunta solo para que te sea más claro el tema. No pienses en rebatirlo y escúchalo con atención.

Si eres de las personas que dice "ya entendí", dejas de ser enseñable, pues ya "entendiste" y no hay nada más que agregar. Mejor di "lo comprendo con más claridad", "me queda más claro", etcétera, dejando siempre espacio a que entiendas con mucha mayor profundidad.

Es un hábito que debe desarrollarse y harías bien en comenzar a hacerlo. De esta forma nunca vas a ser un "producto terminado", al que no puede ya mejorarse en nada. Si llegaras a ser un "producto terminado", pronto estarías en desuso, fuera de moda, anquilosado en tus glorias pasadas. De ahí a la muerte hay un paso muy pequeño.

Te conviertes en alguien con alto grado de adaptabilidad en la medida en que permites ser enseñado. Para esto existe un índice que mide tu habilidad para ser enseñable y se evalúa mediante dos variantes:

a) Deseo de aprender. ¿Qué tanto deseas aprender? Cada vez que quieras aprender algo hazte estas preguntas: ¿qué tanto esfuerzo, tiempo y dinero estoy dispuesto a invertir en mi aprendizaje? ¿A qué estoy dispuesto a renunciar para adquirir el conocimiento (*hobby*, TV, horas de sueño, etcétera)?

b) Disposición a aceptar el cambio. ¿Qué tanto estás dispuesto a cambiar cuando se te presenta nueva información? Aquí es donde "la puerca tuerce el rabo", pues muchas veces nos resistimos a cambiar. Queremos obtener mejores resultados, pero seguimos haciendo lo mismo que hacíamos antes. Así no se puede. Si quieres que se transforme tu vida, vas a tener que cambiar algunas cosas.

Si estás dispuesto a aprender pero no al cambio, entonces no eres educable. Evalúa cada una de estas dos variantes del 1-10, siendo el 10 el máximo valor y el 1 el mínimo. Ahora, multiplica una variante por la otra.

Por ejemplo, si tienes 10 en ganas de aprender, pero solamente 3 en disposición al cambio, entonces tienes tan solo un valor de 30 en el índice de ser enseñable.

Te conviertes en un aprendiz digno de tu mentor cuando tienes 10x10=100 y esa es la situación ideal.

Calma, esto es un proceso. Generalmente empiezas con un índice bajo, tu mentor te da información que tú aplicas, ves los resultados obtenidos y regresas con tu mentor con un índice más alto.

La información de tu mentor debe ser aplicada para que veas los resultados. Si no entras en acción, no estás haciendo nada. "Saber y no hacer es no saber".

Si no estás a gusto con la fuente de información, deja de obtenerla de ahí y busca otra fuente. Si no estás conforme con tu mentor, busca otro, pero asegúrate de que no es por una cuestión de ego o de resistencia al cambio de tu parte.

Un buen mentor te irá soltando la información conforme vea tu avance y compromiso.

Así vas creciendo como aprendiz y obtienes los resultados que anhelas. Eventualmente, tú serás un mentor para alguien más.

3. Concentración

Imagina una báscula en que hay dos platillos para poner lo que deseas pesar. En un platillo están todos tus pensamientos, sueños, metas, tu actitud, tus procesos mentales, tus objeciones, tu vibración, tu energía... Está todo lo relacionado con tu mente, tus sentimientos y tus emociones.

En el otro platillo están todas las acciones físicas que haces: movimiento, técnicas, estrategias, pasos de acción, planes, actividades, etcétera.

El primer platillo se refiere al ¿por qué? (*why?*) y el segundo al ¿cómo? (*how?*).

Lo que no nos enseñaron en la escuela es que el platillo del ¿por qué? tiene una importancia de al menos 90 por ciento y el ¿cómo? tan solo tiene 10 por ciento como máximo, con respecto a lograr lo que deseas.

Poner tu atención y energía en el ¿cómo? te va a desgastar, mientras que al ponerla en el ¿por qué? te va a llenar de vitalidad. Vas a ser imparable y no te pesará el esfuerzo que hagas, sino que lo vas a disfrutar. Lograrás lo que deseas pues no vas a desgastarte. Está fantástica esta idea, ¿no?

El ¿por qué? es mucho más importante y el ¿cómo? es secundario. "Cuando sabes lo que quieres, todo lo demás no importa". Por ello, es CRUCIAL que definas qué es lo que quieres realmente.

Definir qué quieres tiene varios trucos:

1. Tiene que ser algo positivo. Pagar deudas es negativo, tener ahorros y abundancia para vivir en libertad financiera es positivo. Sanar de alguna enfermedad es negativo, gozar de salud plena es positivo. Eliminar al gobierno corrupto es negativo, tener un gobierno transparente, competente e íntegro es positivo. Dejar de vivir en soledad es negativo, encontrar personas que te acompañen y alegren tu existencia es positivo. Y así con todo.

2. Es ¡muy recomendable! que pongas por escrito o en imágenes aquello que deseas y que lo revises constantemente. Esto hará que no te distraigas. Si te da vergüenza hacer un cartel de sueños, por lo menos escríbelos.

3. Una de mis mentoras y amiga, Claudia Villaseñor Rangel de Alba, me enseñó que aquello que deseas debe estar alineado con tus valores humanos esenciales para que no haya una intención-contraintención que te paralice.

Por ejemplo, si deseas un automóvil, pero eres

ambientalista, quizá debas buscar un carro eléctrico, aunque no sea tan lindo. Si quieres viajar y tener libertad, pero tienes hijos pequeños, tal vez debas pensar cómo llevarlos contigo o viajar solo eventualmente.

Si anhelas una pareja, pero eres súper independiente, es probable que te convenga más postular un compañero(a) y no una pareja. Si amas el orden, quizá un viaje a una ciudad muy sucia y desordenada no sería la mejor opción, aunque fuera muy exótica y llena de cultura.

Pregúntales a tus amigos qué valores consideran que tienes, reflexiona y ajústalos hasta que sientas que eso eres tú en este momento. Revisa lo que deseas y alinéalo con esos valores.

Determina cuáles son tus 5-7 valores esenciales. Yo apoyé mi escalera del éxito en una pared y la subí, paso a paso, hasta arriba, solamente para darme cuenta de que la apoyé en la pared equivocada, pues no estaba alineada con mis valores. Que no te pase lo mismo.

4. Puedes desear algo en general (salud), en particular (la salud de mis pulmones) o muy específico (salud óptima de mis pulmones, que funcionen como cuando tenía 20 años, con todas sus partes regeneradas, funcionando y libres de toda enfermedad).

Otro ejemplo: un coche en general, un coche nuevo en particular; este coche, modelo, color en específico. Otro: sentirme tranquila con mi economía en general, ingresos mensuales de 50 mil pesos en particular, ingresos de 50 mil de las rentas de mis propiedades en específico. Esto es BÁSICO, pues debes creerte capaz de lograr lo que deseas. Si eres demasiado específico en tus objetivos, quizá dudes de tu capacidad y así no vas a avanzar. Solamente sé específico en aquello que SABES que eres capaz de lograr. Lo demás, es mejor ponerlo como general o como particular. Tú decide con qué te sientes cómodo.

5. *Massive desire and high believe* (anhelo y creencia altos) te llevan al punto de logro rápido. Es el *sweet point* de la raqueta de tenis, ese punto de golpe en la raqueta donde aplicas algo de fuerza y obtienes el mejor resultado.

Te aconsejo siempre buscar estar en el *sweet point* en cuanto a tus objetivos. Empieza por enfocarte en aquellos que están más cerca del *sweet point* y, cuando los logres, tu nivel de confianza y creencia se elevará y podrás trabajar más fácil los otros objetivos.

¿Qué tanto los deseas y qué tanto confías en lograrlos? Evalúa estas dos preguntas para saber si estás dentro de la zona sweet point y comienza con lo más fácil. Estarás dentro de esta área cuando tengas un anhelo y una creencia altos con respecto al logro de tus objetivos.

6. Tus objetivos deben estar en tiempo presente. Si dices "voy a lograr..." siempre vas a estar en el camino de lograrlo, pero nunca lo vas a alcanzar. Tampoco pongas una fecha límite, pues solo vas a estresarte y detener tu progreso. "En tres meses yo voy a lograr..." es mala idea, pues te pone mucha presión para cumplir en esa fecha. Puedes mejor decir "sé que este logro está llegando a mi vida".

7. Haz un trabajo de "ensoñación" donde te veas, te sientas, te huelas, etcétera, como si ya hubieras logrado cada uno de los objetivos. Aquí puedes darte cuenta si tienes contraintenciones que debes gestionar.

¿Te sientes realmente feliz? Mientras más veces hagas este trabajo de ensoñación, más rápido distinguirás las oportunidades que te llevarán a lograr lo que quieres. Esto es muy poderoso, no lo desestimes. La ensoñación debe hacerte sentir muy bien. Si no lo hace es porque no estás en tu *sweet point* o porque no estás alineando tus valores esenciales.

8. Solamente puedes establecer TUS sueños, anhelos u objetivos. No puedes hacerlo por nadie más, pues caerías en manipulación; cuando dejes de manipularlo, va a alejarse de lo que tú querías para esa persona. ¡Qué flojera! Mejor usa tu energía para prosperar tú y deja que los demás te observen y seas una inspiración para ellos.

9. Busca sentirte bien y ser feliz. Este debe ser tu primer objetivo siempre. Mientras más feliz seas, más rápido lograrás lo que quieres. Disfruta tu vida, disfruta el proceso, diviértete mucho, sé alegre y positivo.

No quiere decir que ignores los problemas, pero pon atención en ellos solamente el tiempo necesario. Establece el opuesto a ese problema y ponlo como un objetivo (por ejemplo, si tienes deudas, tu objetivo es tener ahorros; si tienes sobrepeso, tu objetivo es un cuerpo sano, flexible y grácil, etcétera).

Sal de tu estado negativo haciendo algo que te

guste: cocinar, jardinería, bailar, cantar, dar un paseo, yoga o meditación, comida sana y deliciosa, un baño en tina, leer biografías y autobiografías de gente exitosa, hablar con tu mentor, un masaje, un sauna, jugar con tu mascota, pintar un cuadro, reír a carcajadas con una película o libro o una conversación, agradecer TODAS las bendiciones que ya tienes, etcétera.

Es MUY IMPORTANTE que sea feliz, que te sientas bien, que estés contento y a gusto. *Mindfulness.*

De acuerdo con Wikipedia, *Mindfulness* es una práctica basada en la meditación vipassana. Consiste en prestar atención desapasionada a los pensamientos, las emociones, las sensaciones corporales y al ambiente circundante, sin juzgar si son adecuados. La atención se enfoca en lo que se percibe, sin preocuparse por los problemas, por sus causas y consecuencias, ni buscar soluciones.

Hay muchos estudios con evidencia científica que indican que hay trabajo en tu cerebro y la posibilidad de abrir tu percepción (a las oportunidades) cuando estás así.

Si no puedes revisar esos estudios, quédate con el objetivo de ser feliz en tu vida. Es lindo, ¿no? *I feel good now and keep feeling better* (me siento bien ahora y cada vez mejor).

10. Trabaja entre tres y cinco objetivos solamente. Con esto concentrarás tu enfoque y lo lograrás más fácil. Cuando hayas cumplido uno, agrega otro que esté dentro de tu *sweet point (massive desire and high believe)* (anhelo y creencia altos). ¡Vas a tener resultados espectaculares en tu vida!

4. Perseverancia

En el proceso de aprendizaje hay cuatro pasos:

a) **Incompetencia inconsciente** (no sabes que no sabes). Antes de escuchar las palabras criptomoneda, cannabis y COVID-19 no sabías que desconocías eso.

b) **Incompetencia consciente** (cuando sabes que no sabes). Cuando escuchaste por primera vez hablar de algo y solo sabías que no sabías. Continuando con el ejemplo anterior, la primera vez que escuchaste las palabras criptomoneda, cannabis y COVID-19 sabías que no sabías, pero al menos ya conocías las palabras y estabas consciente de que desconocías su significado.

c) **Competencia consciente** (cuando te pones a estudiar y a practicar y estás muy consciente de lo que haces). Por ejemplo, cuando estás aprendiendo a manejar un automóvil y estás muy consciente de tu velocidad, de la distancia que tienes con respecto a los otros autos, del camino que debes seguir, de todas las indicaciones que te dio la persona que te enseñó a manejar, etcétera.

d) **Competencia inconsciente** (cuando sabes y actúas sin necesidad de hacerlo de forma consciente). Por ejemplo, las tablas de multiplicar no necesitas pensarlas para saber el resultado: 3x5=15, 8x2=16. No tienes que pensarlo, lo haces con una competencia y maestría inconsciente.

Otros ejemplos pueden ser manejar un auto, cuando ya no piensas en cambiar de velocidad, sino que lo haces sin pensarlo. Caminar, correr, nadar, andar en bicicleta también son buenos ejemplos. Una vez que lo aprendes bien, ya no necesitas pensar para entrar en acción. Te sabes tu nombre sin tener que pensarlo. Sabes (espero) que robar es malo, etcétera.

La competencia inconsciente (en tu área de estudio para obtener tu objetivo) debe ser tu meta para obtener óptimos resultados. Solamente la vas a alcanzar si te mantienes haciendo las acciones correctas el suficiente tiempo, para que logres interiorizar tu aprendizaje y sea parte de tu naturaleza.

Mientras estudias estas cuatro virtudes, y sin importar qué deseas, desarrolla la maestría de MANTENERTE ENFOCADO en tu objetivo y de SER FELIZ la mayor parte de tu día. Esas dos lecciones son las más importantes, en lo que vas dominando el resto del material.

Cuando logres estas primeras dos maestrías, los milagros comenzarán a suceder, pues estarás abierto a valorar y aprovechar todas las oportunidades que te lleguen.
No es magia. Es sentido común.

Resumiendo, las cuatro virtudes básicas:

> ➢ La primera causa de fracaso es equivocarte en tu fuente de información y no obtener sabiduría.
> ➢ La segunda causa es no estar dispuesto al cambio, no ser adaptable.
> ➢ La tercera es no enfocarte en el por qué, sino en el cómo. Concentrarte en el punto equivocado.
> ➢ La cuarta es no realizar las acciones correctas el tiempo suficiente para que sean parte de ti. No perseverar lo suficiente.

Haz caso a estas cuatro virtudes. Tu éxito dependerá de ello.

Ahora vamos a hablar un poco del control de tus emociones, un tema importante para lograr éxito en cualquier área que emprendas.

CAPÍTULO 2

Reactivo, proactivo

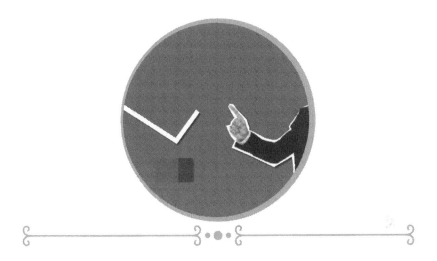

Entre el estímulo y la respuesta está nuestra mayor fuerza:
la libertad interior de elegir.
Stephen R. Covey

L a mayoría de las personas que tienen problemas
económicos no se han puesto a reflexionar en las
causas reales de su situación, por lo que tienden a
buscar culpables donde no se encuentran. Estas personas no
solo son molestas y enfadosas para quienes a su alrededor,
sino que también están condenadas a continuar con sus
problemas e incluso a caer en peores situaciones.

Recuerda que mantenerte enfocado en lo que quieres lograr
y ser feliz la mayor parte del tiempo es lo más importante,
pero si no sabes las causas reales de tus problemas, nunca
vas a poder solucionarlos.

¿Tú eres causa o eres efecto?

¿Estás jugando o eres un peón en el tablero de alguien más? Somos interdependientes y es normal ser peones en varios tableros, siempre y cuando estén alineados con nuestros valores y metas.

Por ejemplo, puedes estar de acuerdo con detenerte cuando el semáforo del tránsito te indique luz roja. También puedes estar de acuerdo con formarte en línea para ser atendido por alguien o entrar a un lugar concurrido.

Esos dos juegos (y muchos más) no los estableciste tú, pero se alinean con tus valores de orden y te sometes con gusto a sus reglas. Eso es bueno.

Lo malo es cuando te ves forzado a acatar un juego que no va con tus valores o cuando ni siquiera sabes quién juega, cuál es el juego y qué propósito tiene.

Muchas veces no es fácil saber quién está jugando. ¿Quién mueve los hilos de la economía mundial?, ¿de los programas de salud?, ¿del sistema educativo?, etcétera. Si te sientes incómodo con algún tema de tu cultura o del sistema, es mejor estudiarlo un poco y buscar ser congruente con lo que piensas, dices y haces.

Una pista importante para saber si tú eres un peón en un tablero de alguien más es la cantidad de control que tienes en la jugada, en los resultados, en las reglas, en las metas., en el propósito del juego.

Cuando algo no nos gusta y no podemos cambiarlo, puede indicar que estamos siendo usados por alguien más, que es quien realmente está jugando. Esa persona puede ser supresora o antisocial, por lo que debemos tener cuidado en lo que vamos a hacer.

Lo primero que sentimos es enojo y contestamos con rabia. O puede pasar que nos sintamos impotentes y nos sometamos. ¡Craso error!

Justo esas reacciones son las que espera el jugador supresor; tus insultos, quejas o llanto no lo inmutan, simplemente le confirman que él sigue controlando la situación. ¿Entonces?

Lo que debemos hacer es controlar nuestras emociones y no ser reactivos; no someternos al juego de estímulo-respuesta, como perritos de Pavlov[1] amaestrados.

En vez de eso, debemos ser PROACTIVOS.

Esto es, sin importar los estímulos que nos avienten, nosotros decidimos continuar nuestro avance hacia donde realmente queremos estar. No nos enganchamos y no respondemos de forma reactiva. Obvio, para eso es muy importante saber en dónde realmente queremos estar.

Ya que tenemos la información de la jugada, debemos ver si podemos usarla a nuestro favor y cómo.

Con claridad en nuestras metas, ahora sí hay que usar TODOS nuestros recursos para lograr lo que queremos, sin permitir que nos distraigan ni desgasten los estímulos que nos aventaron. Con esto te evitas todas las "cortinas de humo" o distractores que te arroja el sistema.

En estos momentos es de vital importancia este tema, pues la pandemia de COVID-19 y el confinamiento para tratar

---

[1] La teoría del condicionamiento clásico deriva de los experimentos del fisiólogo ruso Iván Pavlov, quien durante el estudio del aparato digestivo canino notó que los animales salivaban al ser expuestos a estímulos asociados con la comida sin que fuera necesaria la presencia física de esta. *Aprendizaje por condicionamiento: de Pavlov a Albert B.*, Arosamena, Rita (29 de mayo de 2021), PSYCIENCIA. En https://www.psyciencia.com/psicologia-aprendizaje/

de controlarla ha traído muchos retos a la economía de los países.

Si tú vives en Latinoamérica, como yo, seguramente estarás rodeado de personas con miedo y desesperanza en cuanto a su economía y su salud. ¡No te enganches! No dejes que los pensamientos del colectivo te abrumen.

Tú puedes prosperar en momentos de crisis. De hecho, las crisis (cualquiera de ellas) son excelentes oportunidades para generar proyectos creativos que te den mucha evolución y progreso.

Conocer la situación de tu país no tiene por qué invalidar tus capacidades para prosperar. Solamente cambiaron algunas reglas y aparecieron nuevas barreras, pero con ellas también surgen muchas oportunidades.

Nunca aceptes la posición de víctima, pues así estarías cediendo tu poder y no podrías prosperar por tus propios medios.

De hecho Óscar Velasco Chávez, mi amigo por varias décadas y un empresario de gran éxito, me enseñó las tres pistas con las que puedes identificar a una persona que se victimiza. Estas son:

➢ Se quejan
➢ Se justifican
➢ Culpan a otro

¿Te ves reflejado en alguna de estas pistas? Espero que no.

De todas formas, voy a seguir hablando del tema para animarte a salir de la fea posición de víctima.

Pero antes, vamos a ver las estadísticas de las personas al cumplir 65 años.

CAPÍTULO 3

A los 65 años (tipos de ingresos)

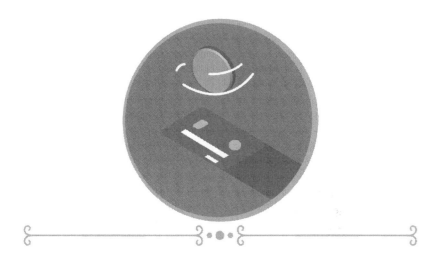

*¿Para qué invertir? Para obtener ingresos
de por vida sin tener que trabajar.*
Anthony Robbins

Los números están en tu contra. ¿Cuáles son las estadísticas en cuanto a la economía de la población?

Esta tabla de estadísticas la he escuchado en diferentes foros de educación financiera y finalmente pude encontrar la fuente original de la información. La encuentras en la grabación hecha por Earl Nightingale (quien fue una leyenda de la radio y pionero en la oratoria motivacional en Estados Unidos de América) en 1956 y que puedes escuchar en *YouTube* con el nombre *The strangest secret*. Aquí te dejo la liga del audio original: www.youtube.com/ watch?v=leaBfM3TdHQ

Sin embargo, al ver mi entorno y revisar las estadísticas de mi país, considero que la tabla propuesta está muy cerca de la realidad.

Te invito a informarte un poco de los resultados y proyecciones a futuro de la economía de tu país y validar los datos en tu entorno.

Esta es la tabla de estadísticas que yo aprendí hace casi 40 años. A los 65 años, de 100 personas:

> ➢ 41 siguen trabajando
> ➢ 51 dependen de otros en su economía
> ➢ 3 ya fallecieron
> ➢ 4 son libres financieramente
> ➢ 1 es rico

Date cuenta: solamente 5 por ciento está bien o muy bien.

En México, la población mayor a 60 años es de 15.4 millones (12.3 por ciento de la población total), según datos de la *Encuesta Nacional de la Dinámica Demográfica* (ENDID) 2018, realizada por el INEGI (30 de septiembre de 2019, de INEGI: https://www.inegi.org.mx/contenidos/saladeprensa/aproposito/2019/edad2019_Nal.pdf).

Esto es ANTES del confinamiento debido a la pandemia de COVID-19. Hoy, que estoy escribiendo esto (junio de 2021), los datos deben ser más desalentadores.

Todos tenemos opiniones y creencias, pero cuando se trata de tu dinero, te recomiendo hacer caso a los datos duros y atender estos cuatro puntos, de preferencia, antes de cumplir 65 años de vida:

1. Educación y desarrollo de inteligencia financiera.
2. Diversificación de ingresos.

3. Activos e inversiones (ojo, aquí activo es solamente algo que te GENERA ingresos. Tu casa, coche, celular, TV, hijos adolescentes, mascota, etcétera, generalmente te cuestan y no puedes considerarlos activos).

4. Ingresos pasivos (son ingresos que NO requieren de tu trabajo para lograrse: rentas, regalías, inversiones, etcétera). Los ingresos activos son salarios y comisiones: dejas de trabajar, dejas de ganar; no los confundas con los ingresos pasivos.

Toma responsabilidad por tus finanzas y no le apuestes a tu pensión para el retiro.

A menos que hagas algo, los números están en tu contra si quieres ser del 5 por ciento de la población que está bien o muy bien al cumplir 65 años.

1. **Educación y desarrollo de inteligencia financiera.** Invierte en tu educación financiera. No basta con que tengas una profesión y muchos títulos universitarios. Si no tienes educación financiera, vas a batallar con tu economía. De hecho, lo que he comentado hasta ahora es muy poco probable que lo hayas aprendido en alguna universidad. Date cuenta de que hay información muy valiosa allá afuera y está a tu disposición, siempre y cuando estés de acuerdo con pagarla y ponerla en práctica.

Yo sé que la buena educación es cara, pero el ser ignorante te va a salir muchísimo más caro. Así que invierte en ti mismo y en tu educación. Como dice el dicho popular, "pon dinero en tu mente, que tu mente pondrá dinero en tus bolsillos".

Recuerda, los pobres se mantienen así porque tienen miedo, son ignorantes o tienen flojera de investigar.

El miedo viene, la mayoría de las veces, de creencias equivocadas que revisaremos más adelante

Tú no puedes ser rico pensando como pobre. Necesitas hacer cambios. ¡Invierte en tu educación!

2. **Diversificación de ingresos.** Diversifica tus ingresos y no pongas todos los huevos en una sola canasta. Si tienes múltiples fuentes de ingresos, podrás tener una caída en una de tus fuentes, pero tu economía personal permanecerá segura y blindada.

Quizá tengas un empleo muy absorbente y creas que no tienes tiempo de trabajar en nada más. Si es así, déjame decirte que estás equivocado. ¡De lo que no tienes tiempo es de postergar la creación de otras fuentes de ingreso! Es un lujo que no puedes permitirte.

Si tu empleo es absorbente, vas a llegar a los 65 años dependiendo solo de tu pensión y estarás en el porcentaje de los "fregados", de los pobres, de los dependientes. No te estás haciendo más joven, así que ya deja de postergarlo y empieza hoy a generar ideas.

Si tu empleo es absorbente, por supuesto que no tienes tiempo de tener otro adicional, pues si no puedes con uno, mucho menos podrás con dos.

Lo que yo quiero es animarte a generar diferentes ingresos, que no dependan de un empleo y que no te tomen tanto tiempo.

¡Vamos, sí se puede! Ponte en el modo creativo.

3. **Activos e inversiones.** Aquí se refiere a valorar cuáles son tus activos realmente. Muchos creen que su casa, su auto, sus joyas, sus cuadros y sus muebles son activos

porque les costaron una fortuna y pudieran venderlos en un momento de necesidad. La verdad, en un momento de necesidad te van a dar cacahuates por tus bienes. Van a castigar el precio lo más posible y tú te verás forzado a aceptarlo (pues estás en necesidad).

Y aún si no estuvieras en necesidad, esos bienes que te gustan y quieres tanto no son igualmente apreciados por todos. Tendrías mucha suerte de poder vender algo y sacarle ganancia.

Lo que sí sucede es que tus bienes te cuestan mucho tan solo para mantenerlos en buen estado y para tenerlos seguros.

Piénsalo: si vives en una buena casa, seguramente pagas vigilancia para que no te vayan a robar, además de seguros contra incendios, terremotos y demás cosas. Los gastos quincenales de mantenimiento de tu jardín no deben ser baratos tampoco. ¡Uy, y los gastos de mantenimiento de la alberca! Además del mantenimiento de impermeabilización, pintura, reparaciones, etcétera. ¿Ya te diste cuenta?

Ahora, a todos nos gusta vivir en casas lindas, pero debemos ser conscientes del precio que estamos pagando por ellas.

Disfruta tu casa (y todas tus cosas) pero no las consideres como activos, pues te cuestan dinero en vez de ayudarte a generarlo.

Activo (desde este enfoque) es solamente aquello que te genera ingresos. Si tu automóvil es necesario para trabajar, entonces es un activo. Aunque también podrías rentarlo para que se use y te genere ingresos durante tus vacaciones con programas como Uber, Didi, etcétera. Tu casa también puede tener espacios que pudieras rentar en plataformas como Airbnb.

Los hijos adolescentes generalmente son un barril sin fondo en cuanto a los gastos que nos generan, ¿verdad? Bueno, pues edúcalos en los valores de cooperación, solidaridad, productividad, etcétera, (les harías un favor) y ponlos a ayudar en la casa no solo con las tareas de limpieza, sino también en el mantenimiento en general de la vivienda que ellos también están disfrutando.

Atento: ¡la casa es tuya! Tú eres el padre o madre responsable y tienes derecho a poner tus reglas en tu espacio. Aunque la casa no sea de todos (porque no lo es), tus hijos también la están disfrutando y debieran colaborar contigo en algunos gastos.

Aquí no estoy hablando de explotación infantil y no te confundas. No se trata de castigarlos, sino de educarlos. No se trata de depender de ellos, sino de hacer equipo. Los padres que no enseñan esto, les hacen un muy flaco favor a sus hijos al convertirlos en unos inútiles que no saben cambiar un foco, pegar un botón, preparar un espagueti, etcétera.

En cuanto a inversiones, nuevamente debes buscar una fuente de información valiosa y poner tu dinero donde pueda producir más, considerando siempre el riesgo de invertirlo. Te recomiendo que pagues los servicios de un asesor (que a eso se dedica, tiene mucha información y está actualizado) y no consideres que tú eres lo suficientemente inteligente para decidir en un terreno que no dominas.

4. **Ingresos pasivos.** Son diferentes a los ingresos activos y es importante reconocerlos y distinguirlos.

Los ingresos activos son los generados por tu empleo, donde alquilas tu tiempo, habilidades y conocimientos a una empresa o persona a cambio de un salario. También son las comisiones que recibes por tus ventas (cuando estas no están automatizadas).

Generalmente, son los primeros ingresos que obtenemos cuando empezamos a crear riqueza y está bien. Lo malo es que dependemos del factor tiempo para producirlos: a mayores horas de trabajo, más ganancias; hasta que ya no tienes más horas que agregar a tu jornada laboral, pues estás completamente exhausto.

Por otro lado, los ingresos pasivos son aquellos que ganas, de forma recurrente, por algo que hiciste en el pasado. Pueden ser negocios o creaciones propias que te siguen generando, mes con mes, con muy poca participación de tu parte. De esta forma puedes tener diversos ingresos pasivos sin que consuman todo tu tiempo.

A menos que seas beneficiario de un fideicomiso o que hayas tenido la suerte de heredar las regalías generadas por obras artísticas (como canciones exitosas o libros *best seller*), los ingresos pasivos no son cien por ciento pasivos. Requerirán que hagas algo de trabajo para que te sigan generando, pero es poco en comparación con las ganancias que recibes de ellos.

Ingresos pasivos pueden ser la creación de una nueva app (ya hay cinco millones de ellas) que la gente la baje y la recomiende cada vez más. Es poco el trabajo de mantenerla al día, comparado con el de creación y lanzamiento, ¿verdad? Pero sigue siendo algo de trabajo.

Otro ingreso pasivo es comprar una franquicia exitosa (McDonalds, por ejemplo) y emplear a las personas adecuadas para atenderla. Realmente, el dueño de la franquicia solamente pasa a supervisar su negocio.

Lo ideal es tener nueve diferentes fuentes de ingresos pasivos para lograr la tan ansiada libertad financiera, que es trabajar solamente por gusto y tener asegurados tus gastos con lo que recibes de tus ingresos pasivos. Se antoja, ¿verdad?

Nuevamente te lo digo: libertad financiera es trabajar por gusto, pues tus gastos fijos están cubiertos con lo que recibes de tus ingresos pasivos.

Si estás pensando que necesitas mucho dinero para generar ingresos pasivos, no es así.

Te voy a enseñar en este libro cómo puedes lograr ingresos para tener fuentes de ingresos pasivos que estén al alcance de un bolsillo modesto. Poco a poco puedes ir agregando más ingresos pasivos o cambiándolos por aquellos de mejor rendimiento. Vamos ahora a hablar de cómo puedes controlar tus finanzas.

El problema generalmente no es el problema; el problema es tu actitud y tu percepción del problema.

CAPÍTULO 4

Toma responsabilidad por tu vida

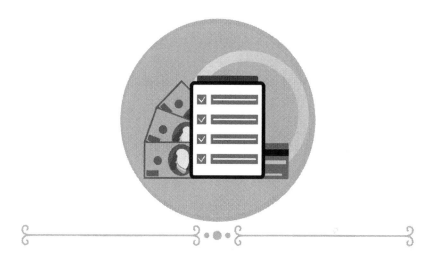

*El secreto del éxito financiero estriba en gastar
lo que sobra después de haber ahorrado y no en
ahorrar lo que sobre después de haber gastado.*
Robert Allen

¿Te ha pasado?

Ves algo que requiere mantenimiento o mejora y decides postergarlo. Tratas de ignorar esa gotera, ese foquito en el coche, esos berrinches en tus hijos, ese sobrepeso…

La situación empeora.

Lo más fácil es que le eches la culpa a alguien más: el fabricante, tu falta de dinero o tiempo para atenderla, el gobierno, tu jefe, la pandemia, tu cónyuge, tus hijos, etcétera.

Siempre va a ser fácil encontrar un culpable.

Lo malo (pésimo) es que con esto te conviertes en víctima, sin cambiar la situación, pues el poder del cambio lo cediste al culpable.

No es agradable, ¿verdad?

Insultar y agredir te da la falsa sensación de que eres el fuerte y de que estás HACIENDO algo, cuando la verdad es que desde la posición de víctima no tienes ningún poder.

Lo que anhelamos es lograr resultados positivos en nuestra vida y entorno. Esto es sano y nos lleva a sobrevivir y prosperar.

Estos resultados positivos los logramos con responsabilidad. Conoce tu situación y toma responsabilidad de ella para resolverla.

No eres culpable de la gotera, pero sí responsable. No eres culpable de la pandemia, pero sí responsable. No eres culpable del mal gobierno (si es tu caso), pero sí responsable.

No eres culpable de tu historia, del maltrato que sufriste de niño, de la mala pareja que escogiste para formar un hogar, del robo, del accidente. NO ERES CULPABLE, pero sí eres responsable.

Es tu vida y si tomas responsabilidad de tus circunstancias aumentas tu poder para cambiarlas.

Ahora, primero tienes que saber cuál es tu situación real para hacerte responsable de ella. Si desconoces la situación, no tienes manera de responsabilizarte ni tampoco tendrás poder para cambiarla.

Esconder la cabeza como avestruz para no confrontar tus

problemas no los va a solucionar. De hecho, una buena amiga me dio un consejo maravilloso hace muchos años: "no dejes crecer al monstruo". Si tienes un monstruo en tus finanzas, por favor, no lo dejes crecer.

Y no importa si se trata de tus problemas financieros o de cualquier otro tema, te recomiendo enfáticamente que reconozcas tus problemas con valentía y te hagas responsable de ellos. Solamente así podrás resolverlos.

Aquí en la Ciudad de México, donde yo vivo, ocurren sismos con bastante frecuencia. Como ya conocemos eso, las construcciones son hechas para soportar los temblores hasta de una intensidad alta. Eso es tomar responsabilidad.

Sin embargo, un tornado nos agarraría desprevenidos pues nunca ha sucedido. Desconocemos esa situación en esta ciudad y no podríamos responder de manera pronta y eficaz para evitar daños en nosotros y en nuestras propiedades.

Traslada esto a tu vida y empieza por conocer dónde estás parado. No solo físicamente, sino también a nivel económico, profesional, educativo, emocional, etcétera. Solamente así podrás tomar responsabilidad de tus circunstancias, aumentando entonces el poder de cambio que tienes sobre ellas.

Haz un examen de conciencia (SIN CULPA, POR FAVOR) y encuentra dónde estás realmente. Conoce tus situaciones.

No hay de otra, no hay más atajos, no hay milagros.

Todos somos responsables de lo que estamos viviendo.

Acéptalo y ayúdame a cambiarlo.

Vas a encontrar mucho material aquí para mejorar tus

finanzas. Trabaja conmigo en ello y verás cambios muy favorables.

Pero primero vamos a reflexionar sobre algunas cosas aprendidas que quizá tengamos que cambiar.

CAPÍTULO 5

Creencias

Todo lo que tienes, bueno o malo,
es gracias a ti o por tu culpa.
María Esther Erosa

Las tres leyes del dinero

Estas tres leyes las escuché de Carlos Marín, uno de mis más queridos mentores.

No es el periodista mexicano, sino un empresario americano, de ascendencia cubana, que se ha dedicado a enseñar principios de éxito desde hace cuatro décadas.

¡Gracias Carlos!

Estas son las tres leyes del dinero:

1. Es mejor tenerlo que no tenerlo
2. Es mejor tener de más que de menos
3. Es mejor tenerlo antes que después

Parece simple, ¿verdad? Pues no lo es.
La mayoría de nosotros no seguimos estas leyes básicas.

Yo sonreí cuando Carlos las mencionó, pero luego me quedé reflexionando y vi que tenemos varias creencias que nos impiden seguir esas leyes tan obvias.

1. **Es mejor tenerlo que no tenerlo.** ¿Cuántas veces te has negado a que un amigo o familiar te pague algo? Consideramos que es nuestra obligación regalar nuestros servicios a las personas que queremos. "No me debes nada" es una expresión muy frecuente.

El dinero "nos quema" las manos y lo derrochamos. Por más ingresos que tengamos, siempre son más nuestros egresos y terminamos sin recursos.

Quizá consideras que la riqueza te pone en riesgo de asaltos, o que serás visto como alguien avaro y engreído y ya no podrás pertenecer a tu grupo, así que prefieres ser pobre.

Tal vez tener riqueza aleje de tu vida a las personas que desean ayudarte y tú realmente quieres que te rescaten, así que escoges ser pobre.

Quizá quieras tanto tener riqueza que te da miedo lograrla y después perderla; te da miedo el dolor por la posible pérdida.

Es mejor tenerlo, que no tenerlo, pero debemos reflexionar

por qué no lo tenemos, cuando hemos ganado mucho dinero a lo largo de nuestra vida.

Busca cuáles son tus razones para no tenerlo y cámbialas. El problema está en ti: no lo busques en nadie más.

2. **Es mejor tener de más que tener de menos.** ¿Sientes que está bien hacer descuentos a tu gente cercana en los productos y servicios que ofreces?

Quizá creas que al tener riqueza tú, alguien más tiene que ser pobre. No te das cuenta de que la riqueza se multiplica y favorece a todos, si trabajas con principios éticos.

¿Crees que es sucio o perverso acumular riqueza o ser próspero?

Puede haber una lealtad oculta a ser menos exitoso que los padres, que algún hermano, que el marido o novio, etcétera. (yo perdí un negocio millonario por esto).

Si en otra vida fuiste monja o monje, puedes continuar honrando los votos de pobreza que hiciste en ese entonces. Tendrás solamente lo suficiente para vivir, pero nunca podrás darte algún lujo.

Obvio, muchas creencias vienen de una religión mal comprendida, donde nos enseñan que ser rico te alejará del paraíso y serás enviado al infierno. También, el pensamiento colectivo te hace creer que las mujeres deben tener siempre menos dinero que los hombres para ser "femeninas". Analiza honestamente y descubre qué es lo que te detiene para tener dinero de más.

3. **Es mejor tenerlo antes que después.** Parece simple, pero muchas veces no aprovechamos las promociones de

"meses sin intereses" o decimos "luego me lo pagas", sabiendo que ese luego, nunca llegará.

¿Aprovechas las oportunidades de generar ingresos, o las postergas? "Empiezo mañana" te puede costar una fortuna.

Generar dinero es una responsabilidad y quizá no estás listo para eso. Sabes que sería bueno, pero lo dejas para un futuro indefinido. Cuanto antes tengas y uses adecuadamente el dinero, mucho mejor.

El dinero no es ni bueno ni malo, es una herramienta. Tú decides en qué usarlo, de acuerdo con tus valores o principios.

Hay muchísimos bloqueos y malos entendidos con respecto al dinero y a la riqueza.

No podría enumerar la cantidad que he encontrado en sesiones, pero créeme, son historias divertidas por lo absurdas, aunque trágicas por sus resultados. Encontrarlos, resolverlos y cambiar nuestra conducta es una de las mejores cosas que podemos hacer en esta vida.

La prosperidad es alcanzable si le damos la bienvenida y estamos dispuestos a hacer el trabajo. Darse cuenta es la base del cambio.

Además de estas tres leyes del dinero, hay otros aprendizajes que podrían estarte afectando y que vamos a ver en el siguiente apartado.

¿De quién podemos recibir dinero?

A mí, y a la mayoría de nosotros, nos cuidaron y protegieron cuando éramos niños dándonos pautas de conducta que continuamos observando, aun siendo ya adultos. A pesar de que la intención de nuestros padres fue buena, esas cosas ahora hay que cuestionarlas y desaprenderlas, pues nos impiden la prosperidad.

Reflexionemos sobre lo que se nos enseñó cuando éramos niños:

a) No recibas dulces ni dinero de extraños.
b) La familia está para ayudarse, no para aprovecharse o hacer negocio con ella.
c) A los amigos no se les cobra por tu trabajo.

Parece una educación sensata, ¿verdad? ¡Pues no lo es!

Es mejor explicarles a los niños las razones lógicas por las que les aconsejas no recibir algo de los extraños y qué es lo que puede esperarse de los amigos y familiares.

Esos consejos de nuestros padres o cuidadores se quedaron en nuestro inconsciente. Cuando crecemos y queremos ganar dinero (empleo o negocio) SÓLO nos queda hacerlo con los ENEMIGOS.

Como todos queremos ser congruentes con la información que guardamos en el inconsciente, terminamos odiando al jefe o abusamos de nuestros clientes y familiares, convirtiéndolos en nuestros enemigos. Te repito, esto no lo hacemos de manera consciente, por lo que es aún más difícil darnos cuenta y salir de este patrón.

¿Te ha pasado que comienzas un trabajo o tienes un nuevo cliente y, con el trato, tu jefe o tu cliente te empiezan a caer bien y desarrollas una amistad con ellos? Eso es muy bueno y debiera propiciar un ambiente de prosperidad. Sin embargo, a la hora de pedir un aumento salarial o de elevar el precio de tus productos, comienzas a sentir culpa y vergüenza.

O, por el contrario, te resientes si no aceptan las nuevas condiciones que propones y bajan el "puntaje" de amistad que tenías con ellos. Es algo que no tiene lógica aparente y, sin embargo, muchos lo hemos sentido, ¿verdad?

Pues la razón es que tu inconsciente no te permite generar riqueza de tus amigos, así que los conviertes en tus enemigos para sentirte mejor.

Si es un familiar, tu resentimiento puede ser enorme al no aceptar que subas el precio de tus productos o que te pague mejor salario. No comprendes cómo, siendo parte de tu familia, no es solidario con tus problemas y no te ayuda a resolverlos. Puedes incluso romper la relación con ese familiar. Triste situación, en verdad.

De un ambiente propicio a la prosperidad has pasado a un ambiente hostil y te sientes resentido. No tardarás mucho en cometer actos hostiles contra tu cliente, familiar o jefe (como hablar mal de ellos) y buscarás un nuevo trabajo y otros clientes para continuar el mismo ciclo que jamás te llevará a la libertad financiera y a la prosperidad sostenida.

¿Qué podemos hacer? Bueno, darnos cuenta es un paso enorme y comienza a sanar ese patrón.

Agradece lo que te enseñaron, pues fue con el propósito de protegerte, pero tira esas creencias a la basura, pues ahora ya están fuera de contexto y te están limitando.

Todos somos interdependientes y eso es bueno; así hemos evolucionado. Tú necesitas de los demás y los demás necesitan de ti, así que es ético y moral tener relaciones comerciales sanas entre ustedes.

Permite que tus amigos y familiares ganen de ti cuando te

ofrezcan sus productos o servicios. No les pidas descuentos o tratos preferenciales que los perjudiquen. También date la oportunidad de ganar dinero de ellos, entregando algo valioso por un precio justo.

Si comienzas cambiando el trato que les das a tus empleados, familiares y amigos, cuando son ellos quienes buscan ganar dinero de ti, irás cambiando tu postura en este tema y te será más fácil y cómodo ganar dinero de ellos, cuando así sea el caso.

Se trata de pagar y cobrar lo justo, dependiendo del producto o servicio que se está entregando. Debes analizar esto desde tu inteligencia y tu lógica, no desde el corazón y tu inconsciente.

Otras creencias a cambiar; creencias generalizadas

Vamos a revisar algunas creencias acerca del dinero que debemos sanar para poder ser prósperos, las cuales las he encontrado muchas veces en mis clientes durante las sesiones de sanación que les he dado.

1. **El dinero es escaso.** ¡Falso! Los recursos materiales son finitos, pero el dinero no lo es, pues representa prosperidad, riqueza, abundancia, etcétera. Podríamos terminar con el petróleo (por ejemplo), pero luego encontraríamos otras fuentes de riqueza. Lo mismo pasa con el oro, los granos de café y cualquier otra cosa que asociada con la riqueza económica.

2. **Tener mucho dinero es pecado.** No es pecaminoso ser rico ni te vas a condenar. ¿Quién te va a condenar? ¿Cómo es el Dios en el que crees? Seguramente es alguien justo, bondadoso, compasivo, etcétera. Entonces, ¿por qué querría que vivieras en la escasez y que fueras pobre?

3. No es compasivo ser rico cuando hay tanta pobreza. ¿En serio crees esto? La verdad, lo mejor que podrías hacer por los pobres es no ser uno de ellos. Desde una posición de abundancia podrás ayudarlos mejor, si eso es lo que deseas. Además, puedes ser fuente de inspiración para quienes no tienen tu fortuna.

4. Es peligroso tener dinero. Quizá temas ser robado o secuestrado, pero el peligro no está en la cantidad de dinero que tengas, sino en el grado de aberración de la sociedad en la que vives. Ese es el tema a resolver. Mientras lo logramos, puedes usar parte de tu dinero para contratar vigilancia o comprar seguros. El dinero es una herramienta para usarla como tú quieras. No es peligrosa en sí misma.

5. El dinero vuelve a las personas arrogantes y frívolas. Esto no es verdad. El dinero puede potencializar lo que ya son, pero no las convierte en nada distinto. Si temes tener dinero porque puedes ser arrogante, pues mejor ten dinero y úsalo en terapias para quitarte ese feo defecto.

6. Las oportunidades terminan siendo estafas. Hay muchos estafadores queriendo que les entregues tu dinero y puedo comprender tu desconfianza. Sin embargo, si haces caso al punto uno de Conceptos Básicos y buscas una fuente de información fidedigna, vas a descubrirlos y no caerás en sus trampas.

Además de estas creencias que te acabo de comentar, hay muchísimas más que permanecen en nuestra mente inconsciente y que limitan nuestra prosperidad y abundancia. Por ejemplo:

1. No tengo suerte con el dinero.
2. Me tocó ser pobre.
3. Soy pobre pero honrado.
4. No merezco la prosperidad.

5. Si soy exitoso, me van a envidiar y voy a perder a mis amigos.
6. El dinero te echa a perder.
7. No debo comprar lo que no necesito.
8. Cuando tenga dinero, seré feliz.
9. El dinero no compra la felicidad.
10. Todo es muy caro y no me alcanza.
11. Se necesita dinero para generar dinero.
12. Ganar dinero requiere de mucho esfuerzo y tiempo.
13. Solo quien nace en cuna de oro tiene oportunidades.
14. No se puede tener todo en la vida.
15. Generar riqueza no es fácil.
16. El dinero no es importante, lo importante es el amor (o la salud, o ser feliz, o cualquier otra cosa). La verdad, no tienes que escoger entre una cosa y otra. Puedes tener salud, amor, felicidad y riqueza.
17. El dinero está para gastarlo.
18. No puedo generar riqueza haciendo lo que me gusta.
19. Dinero llama dinero.
20. El dinero es la raíz de todos los males.
21. Si tengo mucho dinero tendré que pagar muchos impuestos (esto es real y es bueno para todos).
22. Las grandes oportunidades ya las ha tomado alguien más. Ya no hay nuevas ideas para generar abundancia.
23. La gente con mucho dinero es mala y abusa de los demás.
24. La gente con mucho dinero es deshonesta.
25. El dinero corrompe.
26. El dinero no es espiritual; no puedes ser rico y tener una vida espiritual plena.
27. Pensar y hablar del dinero está mal visto, es de mala educación.
28. El dinero hay que cuidarlo porque se acaba.
29. Es más fácil y divertido gastar dinero que generarlo.

Y muchas más, desgraciadamente.

Si tomas un curso o sesión conmigo, veremos más puntualmente cuáles son tus creencias limitantes en cuanto a la prosperidad y la riqueza y buscaremos cómo sanarlas.
Si no lo haces, está bien, pues solamente al reflexionar sobre este tema comenzarás a hacer cambios en tu manera de pensar, aunque no sean tan profundos como los logrados en una sesión particular conmigo, o con cualquier otro terapeuta que elijas.

Pregúntate qué pasaría en tu vida si ganaras cinco millones de dólares, ¿cómo te sentirías?, ¿cómo se sentirían tus amigos y tu familia?, ¿qué aspectos negativos descubrirías al tener ese dinero?, ¿qué miedos e incomodidades surgen cuando piensas esto?, ¿culpa o vergüenza?, ¿soledad?, ¿envidias? Esos miedos e incomodidades son los bloqueos que necesitas sanar. Apúntalos y no los olvides. No se irán solos, así que busca ayuda para resolverlos.

Es un tema demasiado extenso para tratarlo en un libro, pues cada quien requiere sanar aspectos diferentes. ¡Y eso que no he hablado de vidas pasadas, pactos y karma!
No te angusties: tú (y todos) merecemos la prosperidad y somos capaces de obtenerla y disfrutarla. Es solamente cuestión de elegirla para ti.

CAPÍTULO 6

Enfoque

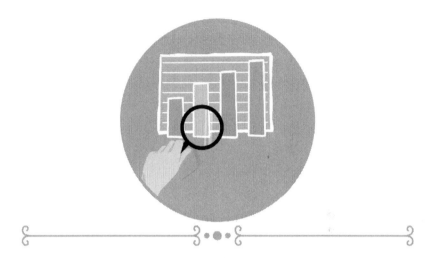

> Los ingresos pasivos son los únicos por los
> que vale la pena partirse el alma.
> **Jaime Baspineiro**

Una vez que has empezado a resolver tus creencias limitantes, puedes determinar más fácilmente qué es lo que realmente quieres lograr. Cuando ya sabes qué es lo que quieres, el enfoque será tu mejor aliado.

El enfoque es como un rayo láser de tu energía. *Where your focus goes, your energy flows and results show* (donde pongas tu enfoque, ahí fluye tu energía y se producen resultados). A lo que le pongas atención, va a crecer o aumentar. Así que ten cuidado en no poner tu atención en las cosas que NO deseas.

¿Te ha pasado?

Compras un automóvil de color "poco común" y de repente ves muchos coches con ese color.

Te embarazas y surge un montón de embarazadas en tu ambiente.

Buscas tus llaves por toda tu casa y, si tu enfoque es correcto, las encuentras aunque apenas se asomen debajo de un mueble. Sin embargo, cuando quieres buscar tu cartera, tienes que volver a recorrer toda tu casa para encontrarla, pues no tenías tu enfoque en eso.

¡Ese es el poder del enfoque!

Es MUY IMPORTANTE decidir dónde quieres poner tu atención para aprovechar las mil oportunidades de expansión y prosperidad que se te presentan todos los días (en todas las áreas).

Por ejemplo, si pones tu atención en el horror que se vive por la pandemia y por un mal gobierno, vas a dejar de poner atención a aquello que te llevaría a un mejor lugar.

Es lógico, ¿no? Entonces, lo primero que tienes que hacer es DEFINIR QUÉ QUIERES y luego enfocarte en eso para distinguir todas las oportunidades que te lleven a lograrlo. Después, debes dejar de prestar tanta atención a lo que no te lleva a donde quieres llegar.

Te recomiendo enfáticamente que apagues la televisión y dejes de ver noticieros. En serio. Date cuenta de que las noticias que venden son en su mayoría negativas y eso te aleja de tus objetivos, pues comienzas a bajar tu ánimo e incluso sientes depresión.

Necesitamos estar contentos o sentirnos bien para tener la fuerza necesaria para lograr lo que queremos.

No puedes enfocarte en tus objetivos (que debieran ponerte feliz) y en tus problemas al mismo tiempo. Es imposible. Tienes que escoger.

Restringe al mínimo la lectura de periódicos, ver noticieros y todo aquello que baje tu nivel emocional.

No te preocupes. Si algo importante surge, te aseguro que tendrás quien te avise.

Tus problemas (personales, familiares, sociales, mundiales) solamente indican que hay algo a resolver. Establece el opuesto a ese problema y conviértelo en tu objetivo.

Por ejemplo, si tienes deudas, el opuesto sería tener ahorros. Establece el objetivo de tener suficientes ahorros para pagar todas tus necesidades y compromisos presentes, pasados y futuros. Si te enfocas en eso, las deudas las irás pagando casi sin darte cuenta.

Si te enfocaras en tus deudas, sería como caminar de espaldas, viendo el problema y no la salida. Te aseguro que te vas a estrellar si haces esto.

Va a ser mucho más fácil mantener tu enfoque si te juntas con personas que estén de acuerdo con esta información y la estén aplicando. Empieza a revisar tu lista de amigos...
Quizá algunos amigos y familiares se alejen de ti porque ya no son tan afines, sin embargo, estarás más cerca de encontrar a tus mentores y esa es una buena noticia.

Pertenecer a una comunidad que mantenga su enfoque en el progreso y la prosperidad es de los aliados más poderosos que puedes tener.

Recuerda aplicar lo que tenga sentido para ti. Saber y no hacer es no saber.

CAPÍTULO 7

Objetivos claros, precisos y medibles, ¿o todo lo contrario?

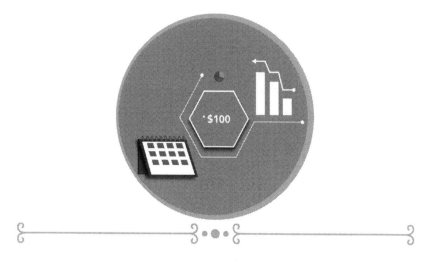

*El que tiene imaginación, con qué facilidad
saca de la nada un mundo.*
Gustavo Adolfo Bécquer

Hay dos corrientes casi opuestas en cuanto al establecimiento de los objetivos. En la primera, estos:

1. Tienen que ser claros, precisos, cuantifícales y con fecha de terminación.
2. Deben ser MUY claros, pero no necesariamente precisos. Se miden con base en el grado de satisfacción que vas experimentando con su logro. No tienen fecha de cumplimiento.

La primera corriente o postura es la más conocida. Se

fundamenta en el esfuerzo y la disciplina constante en el trabajo. Generalmente, tienen una fecha límite para obtenerse. Con esto, vas a lograr algunas cosas (no todas), vas a "negrearte" o explotarte y puedes, incluso, caer en *burn out* (desgaste, agotamiento) o tener un infarto por exceso de estrés. No es lindo, pero logras algunas cosas.

La segunda corriente o postura se fundamenta en tu felicidad.

Yo sé que parece muy cursi, fácil y cómoda, pero es la postura más complicada y la que voy a explicarte un poco a continuación.

Esta segunda postura tiene referencia a la Tercera Virtud Básica de Perseverancia (*how/why*: cómo/por qué).

Aquí estableces tus objetivos igual que en la primera postura: haciendo una lista de aquello que te gustaría lograr.

Puedes establecer los objetivos de manera específica, particular o general.

Por ejemplo, una señora que quiere recorrer el continente en moto (objetivo particular), quizá lo que desea es el sentimiento de liberad y aventura (objetivo general). Un joven que quiere ser bailarín (objetivo particular), quizá lo que busca es pertenecer a un grupo y ser reconocido y valorado (objetivo general). Alguien que quiera un reloj Rolex o un automóvil Tesla (objetivos particulares) quizá busque la admiración de los demás (objetivo general). O tal vez no sea así: probablemente esta última persona desee el Tesla pues es alguien vanguardista, con necesidad de asistencia mientras maneja.

Cada quien tiene diferentes razones para desear algo y eso

es lo que necesitamos descubrir. ¿Para qué quiero lograr esto?, ¿qué aportará a mi vida una vez que lo logre?, ¿cómo me voy a sentir?, ¿tengo la seguridad de que voy a lograrlo?

Establece cada objetivo siendo muy honesto contigo mismo. Si sabes qué es lo que deseas y estás seguro de lograrlo, entonces sé específico. Si no estás seguro de conseguirlo, te recomiendo ser particular o general, usando el sentimiento que ese objetivo traería a ti una vez que lo logres.

Después, evalúas cada objetivo con base en dos variables:

a) Importancia para ti
b) Grado de confianza en que vas a lograrlo

Da un valor a cada objetivo en cuanto a las dos variables. Te recomiendo usar los números del 1-10 para la importancia que tienen para ti cada uno de los objetivos. Usa las letras A-D para el grado de confianza que sientes en poder lograrlos.

Estos valores los estableces sin ninguna lógica aparente y no tienes que darle explicaciones a nadie. Simplemente deseas algo con mucha fuerza y punto; no necesita ser algo comprensible para los demás. No es necesario justificar ante nadie lo que quieres. Tampoco precisas justificar si crees que vas a lograrlos o no; solamente tú lo sabes y debes establecerlo.

¿Cómo saber qué valor darle a cada objetivo? Generalmente has usado la lógica o has seguido los consejos de tus conocidos. Pero ahora tendrás que dejar a un lado tu lógica y usar tu intuición, dándote cuenta de la respuesta corporal que sientes al imaginarte con esos logros.

Esto es algo nuevo para la mayoría, por lo que tienen que aprender a reconocer su intuición para poder seguirla. ¿Recuerdas los pasos del entrenamiento? Primero, no sabes que no sabes, luego sabes que no sabes, luego sabes que sabes y, por último, no sabes que sabes (en el sentido de que ya actúas de forma inconsciente, sin necesitar pensar en tus acciones o respuestas). Pues así es como debes ir familiarizándote con tu intuición, con tu respuesta corporal ante diferentes temas y circunstancias.

Empieza a practicar con cosas muy simples como lo sería elegir qué ropa usar un día determinado. Tienes dos, tres o más opciones y vas pensando en cada una de ellas al mismo tiempo que sientes tu respuesta corporal.

Puedes practicar al elegir qué comer del menú en un restaurante, al seleccionar un programa en la TV, etcétera. Debes practicarlo las suficientes veces (de manera consciente) hasta que ya lo hagas en automático, que es el último paso en el aprendizaje (no sabes que sí sabes; lo haces de manera inconsciente o natural).

¿Por qué es importante tu intuición? Bueno, porque no conocemos todo de manera consciente, debido a que somos mucho más capaces de lo que creemos y tenemos mucha sabiduría que no estamos aprovechando, además de muchas otras razones que ahora no voy a tratar, pues no son parte de este libro.

Imagina que estás en un submarino y que ves a través del ojo del telescopio. Solamente vas a poder ver una pequeña zona de todo lo que hay allá arriba, ¿verdad? Verás solamente la zona en la que te enfocas, pero SABES que hay mucha más realidad que la que estás viendo.

Igual, si te imaginas que estás frente a un radar que busca aeronaves, solo detectas una pequeña zona, pero hay mucho más territorio que está fuera del enfoque del radar.

Tu pensamiento lógico o racional es como el radar o

el telescopio: solo ven aquello en lo que los enfocas. Tu intuición, por el contrario, PUEDE percibir un territorio más amplio, aunque no pueda explicarlo. Por eso es importante desarrollar el reconocimiento de tu intuición. Tu intuición te hará saber cosas ¡mucho antes de que aparezcan en el radar!

¿Te ha pasado que conoces a alguien y te cae mal de a gratis (sin causa aparente)? Puede ser por un prejuicio, por asociación a una experiencia negativa (ambas cosas habría que sanarlas, por cierto) o por tu sabiduría inconsciente que ya aprendió a reconocer a alguien peligroso para ti, alguien que miente, que roba, aunque no puedas explicar cómo lo sabes.

Tu intuición no es algo esotérico ni mágico, es tu propia sabiduría y todos podemos aprender a reconocerla.

Mira, haz conmigo el siguiente ejercicio que me enseñó mi amiga y *coach* Fabiola González:

Imagina que en este momento te comes algo que en verdad se te antoje mucho. Imagina la presentación de ese platillo, cómo se ve, cómo huele, que te metes un bocado a la boca y el sabor llena todas tus papilas gustativas, haciéndote muy feliz.

¿Ya? ¿Ya te lo imaginaste?

¿Dónde sientes esa satisfacción, esa felicidad, en tu cuerpo? Tómate un momento y siente dónde es. Graba en tu memoria ese sentimiento en ese lugar.

Procura que no sea la salivación pues, si tienes hambre o si imaginas un limón, vas a salivar sea bueno o malo para ti. Si salivas, ¿adónde más sientes una respuesta corporal?

OK. Ahora imagina el mismo platillo pero, al momento

de probarlo, nota que está echado a perder y te sabe HORRIBLE. Incluso puede contener gusanos o ser veneno para ti. Escúpelo inmediatamente.

Tómate otro momento para descubrir dónde sientes ese rechazo en tu cuerpo.

Ahora, ya sabes cuando tu intuición te dice "sí" y cuando te dice "no"; cuando te dice "adelante" y cuando te dice "detente".

Yo uso otra técnica, pero esta es más difícil de explicar en texto, así que te recomiendo practicar esto.

Es MUY ÚTIL reconocer tu intuición y hacerle caso. Desarrolla el reconocerla con pequeños ejercicios como los que te comenté y muchos otros. Mientras más ejercites el reconocerla, más pronto y mejor lo harás.

No confundas tu intuición con tu anhelo. Por ejemplo, puedes ver un video de criptomonedas y entusiasmarte mucho con la información. Sin embargo, cuando preguntas a tu intuición acerca de invertir tu dinero ahí, ella puede responderte de forma contraria a lo que tú quisieras que lo hiciera.

Tu intuición JAMÁS se equivoca: eres tú quien se equivoca al interpretarla. Aprende a reconocerla y hazle caso, ¡por favor!

Usando tu intuición, revisa qué tanta confianza tienes en lograr tus objetivos. Algunos te harán sentir muy feliz, otros no tanto y otros quizá hasta te desagraden. Ponles las letras A, B, C o D a cada uno de ellos.

Los objetivos tipo A serán los que estás seguro de cumplir y te hacen muy, muy feliz al pensar en ellos; los de tipo D déjalos a un lado por el momento. Quizá no valgan la pena o quizá los vuelvas a revisar en el futuro.

Al imaginarte cada uno de estos objetivos, hazte a ti mismo la pregunta: ¿esto va a traer felicidad a mi vida?

Ahora pon los números del 1 al 10 con base en el grado de importancia que consideras que cada objetivo tiene para ti. El número 1 es para ese objetivo que es crucial, de extrema importancia para ti. El número 2 es importante pero un poco menos; continúa así con cada objetivo.

Ahora ya tienes una lista de objetivos con base en su importancia para ti y tu confianza en lograrlos.

Los objetivos A-1 están dentro del *sweet zone* o zona dulce. Este término se usa en el deporte del tenis para indicar la zona de la raqueta donde vas a obtener el mejor resultado con el mínimo esfuerzo, al momento de golpear la pelota. Cuando un objetivo está dentro del *sweet zone*, estás pronto a lograrlo (aunque no sepas bien cómo va a suceder).

Escoge 5-8 objetivos con el mejor puntaje en letras: aquellos que tienes la certeza de lograr (A y B).

De esos que elegiste, ahora escoge los que tengan el menor puntaje en números (los que sean más importantes para ti). Quédate solamente con 3-5 objetivos por el momento; solo los mejores, los que están más cerca del *sweet point*.

Ya sé que estás haciendo muinas y caras raras, pues quedaron fuera algunos objetivos que son muy importantes para ti y tienes ganas de cerrar el libro.

Por favor, no lo hagas.

La razón de escoger estos 3-5 objetivos es que practiques su logro y veas qué fácil puede ser. Esto te dará confianza para poder abocarte a los objetivos que quedaron fuera.

Cada vez que logres un objetivo de esos primeros 3-5 iniciales, puedes agregar uno o dos de los que se quedaron fuera, escogiendo siempre primero los que tengan mejor valuación en letra y luego los que tengan el número más pequeño, que son los prioritarios para ti.

Sigue conmigo.

Te voy a llevar de la mano para que te sea más fácil.

Ya que tienes tus 3-5 objetivos, comienza a elaborar un plan de acción o estrategia pensando cuál es el siguiente paso lógico para avanzar en su logro. Ejecuta ese paso y luego te vas al siguiente paso lógico y así sigue. Más adelante hay un capítulo en el que hablo de los pasos lógicos.

Si desarrollas tu intuición, sabrás qué pasos dar en cada momento. También puede pasar que escuches una vocecita que te dice que hagas algo (comentar el proyecto con alguna persona, leer un libro en específico, entrar a un lugar, ayudar a alguien, etcétera). Recuerda que no tiene lógica aparente, pero seguir tu intuición te va a llevar a logros enormes y rápidos.

¡Y así es como aparece la magia en tu vida!

Obvio, así jamás tendrás estrés ni el síndrome de *burn out*, pues estarás avanzando de manera fluida y divertida.

¿Qué hacemos entonces con la primera corriente para establecer objetivos?

No la descartes. Lo más seguro es que ya sepas usarla y hayas tenido varios logros con ella.

Recuerda que con esa estrategia pones fecha límite, estableces el objetivo y puedes medirlo o cuantificarlo.

Por supuesto, esto no es tan divertido y te generará estrés. No obstante, puedes combinar ambas corrientes dependiendo el tipo de objetivo que te hayas propuesto.

Un ejemplo muy básico sería mejorar tu condición física. Para eso, además de una alimentación adecuada, vas a necesitar hacer ejercicio y vas a tener que hacerlo varias veces por semana. Algunos días estarás más cansado y desanimado, pero lo recomendable es hacer ejercicio y continuar con tu alimentación. Estás usando aquí la primera estrategia de establecimiento de objetivos y es así como vas a lograrlo.

Sin embargo, si tu objetivo es ampliar tu círculo de clientes potenciales, entonces la segunda estrategia te va a funcionar mucho mejor.

Seguramente tienes varios grupos de amigos y conocidos y quizá ellos puedan ser tus clientes potenciales. Evalúa cada grupo usando únicamente tu intuición. ¿Qué sientes al pensar en buscar clientes potenciales en un grupo determinado? ¿Qué sientes al pensar en un segundo grupo? ¿En el tercero, el cuarto, el quinto?

O quizá vayas a ir a una reunión familiar y también puedas evaluar la posibilidad de obtener clientes potenciales ahí, usando tu intuición.

Evalúa con tu intuición todas las posibilidades que te vengan a la mente y hazle caso ¡por favor!

Utiliza la disciplina y el establecimiento tradicional de objetivos en algunas cosas y la estrategia de la intuición en otras. Combínalas y tendrás mucho más éxito.

En un capítulo posterior veremos la Administración de tus Ingresos; para ello, vas a necesitar la estrategia tradicional.

En otro, hablaremos de los negocios de ingreso pasivo, en que vas a necesitar la segunda estrategia para seleccionarlos.

¿Te das cuenta? ¡Puede ser muy divertido!

Por supuesto, esto puedes aplicarlo a TODO lo que quieras: relaciones, salud, prosperidad, seguridad, autorrealización, viajes, etcétera.

En este libro nos vamos a enfocar en sanar tus finanzas y lograr tu libertad financiera.

¡A darle!

CAPÍTULO 8

¿Qué haces con tu dinero?

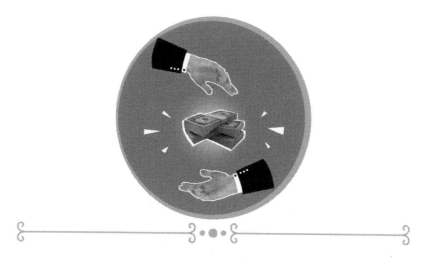

Si quieres hacerte rico, céntrate en ganar, conservar e invertir tu dinero. Si quieres ser pobre, céntrate en gastarte el dinero. Puedes leer mil libros y asistir a un centenar de cursos sobre el éxito y la prosperidad, pero todo se reduce a eso.

T. Harv Eker

Con tu dinero puedes hacer cuatro cosas básicas:

a) Ganarlo
b) Gastarlo o perderlo
c) Economizarlo
d) Invertirlo

¿Cómo ganamos dinero?

Hay personas que me han contestado que pueden ganar la

lotería, pueden heredar una fortuna o que pueden encontrar dinero en la calle.

Es verdad. Sin embargo, las probabilidades de ganar un premio importante en una rifa son muy escasas (sobre todo cuando ni siquiera compramos un boleto). Heredar una fortuna requeriría que alguien muy rico y cercano a ti, te heredase; no creo que te gustaría perder a esa persona. En cuanto a encontrar dinero, yo me he encontrado una moneda de 10 pesos en la calle, pero no hizo ningún cambio sustancial en mi economía.

Así que mejor pongámonos serios y veamos cuáles son las vías probables para generar ingresos.

En el capítulo 3 te hablé de la importancia de atender a cuatro puntos cuando se trata de tu dinero. ¿Los recuerdas? Son educación financiera, diversificación de ingresos, inversiones e ingresos pasivos.

Ya hablé de los ingresos pasivos y de su importancia, pero no he tocado las otras formas de generar ingresos, que vamos a ver ahora.

Ingresos activos

> ➤ Empleo (sueldo y comisiones).
> ➤ Autoempleo (ejemplos: dentista, abogado, técnico electricista, etcétera).

Son ingresos activos pues tú tienes que trabajar, tienes que hacer actividades para generar dinero. Si no trabajas, no ganas. Si no vendes, no recibes comisiones.

El empleo ya todos lo conocemos y no necesito comentarlo.

El autoempleo es, por ejemplo, el dentista que pone su consultorio y ahora él es su propio jefe. Es el primero en llegar y el último en irse. También es el último en cobrar (cuando alcanza) y tiene muchas responsabilidades fiscales y laborales. Paga renta, compró mobiliario e instrumental. No tiene prestaciones laborales, como vacaciones pagadas y aguinaldo. Son los microempresarios. Un aplauso a estos valientes, ¡por favor!

Tanto el empleo como el autoempleo te va a mantener atrapado en "la rueda de las ratas", donde por más que corras, nunca avanzas realmente.

En cambio, los dueños de negocios (lo suficientemente grandes y prósperos que casi no requieren de su atención personal) y los inversionistas van generando cada vez más riqueza.

Ingresos pasivos

> Regalías y negocios de ingresos residuales (propiedad intelectual como libros y canciones, multinivel con un equipo grande y bien entrenado, patentes, franquicias, renta de coches, estacionamiento, lavandería automática, máquina tragamonedas, membresías de *website*, una app que sea muy buena y se venda cada vez más, etcétera).
> Inversiones (dividendos, intereses, bonos, acciones, propiedades).

Una clasificación muy simplificada (sin afán de ofender a nadie) y válida en cuanto a las personas y sus ingresos:

1. Pobres: el dinero de su empleo o negocio se les va en gastos.

2. Clase media: el dinero de su empleo o negocio lo aplican en gastos e inversiones.

3. Ricos: su dinero viene de ingresos pasivos e inversiones; lo aplican principalmente en reinversiones y educación.

La libertad financiera es generar el suficiente ingreso pasivo que te permita vivir el estilo de vida que deseas. O sea, estamos hablando de ingresos que casi no requieren de tu actividad, pero que te generan lo suficiente para vivir como realmente quieres.

¿Se puede lograr esto?

¡Claro! Pero es un proceso que requiere tu determinación para continuar hasta conseguirlo. Si quieres vivir así, vale la pena que hagas algunos cambios en tu vida, ¿verdad? Al principio serán fastidiosos pero si perseveras, harás que estos cambios sean parte de tu naturaleza. (Recuerda la Virtud Básica de Perseverancia).

Desde ahora, decide que vas a continuar hasta lograrlo y mantén firme tu decisión. Haz las acciones correctas el tiempo suficiente, para que se vuelvan parte de tu naturaleza, de tu aprendizaje inconsciente.

Tus ingresos nunca van a superar tus capacidades de administración, así que lo primero que hay que hacer es tomar la responsabilidad por tu economía.

CAPÍTULO 9

Presupuesto bajo control

Quien tiene la voluntad, tiene la fuerza.
Meandro de Atenas

Como hablamos en el capítulo 4, saber exactamente dónde estás y tomar responsabilidad por ello es el camino para lograr un cambio en tus finanzas, así que primero tienes que conocer dónde te encuentras.

PRESUPUESTO

> ➤ ¿CUÁNTO DEBO? (revisa esas compras que hiciste a meses sin intereses y pon por escrito todas las deudas que tengas).
>
> ➤ ¿CUÁNTO GANO? (¿recibo un sueldo cada 15 días o tengo ingresos diarios? ¿cuánto gano al año y al mes? Escribe todos los ingresos que tienes.

> Cuáles son mis GASTOS (comida, ropa, recreación, gas, luz, internet, agua, verificación coche, mantenimiento, sueldos de quienes te dan un servicio como vigilancia, basurero, señora de la limpieza, educación, salud, regalos, adeudos, predial, tenencia, renta, otros impuestos, seguros de salud, de vida, del auto, veterinario, membresías como Netflix, YouTube Premium, diferentes apps, etcétera).

> ¿Qué puedo SIMPLIFICAR? Frugalidad, austeridad, mesura. Busca qué gastos puedes eliminar o reducir. Hazlo como un reto, como un juego divertido. Siéntete capaz y poderoso al hacer cambios en tu economía. No se trata de restringir tus gustos, pero sí de evitar el derroche de tu dinero. Mientras más frugal puedas vivir cómodamente, será mejor. Te sentirás mucho más libre al saber que no necesitas de tanto para estar bien.

> Siempre busca tener ingresos de diferentes fuentes.

Tienes mucho por hacer.

Tener un presupuesto verídico y actualizado es clave para el siguiente paso.

¡No desistas! Recuerda que tu meta es lograr la libertad financiera y no ser parte del 95 por ciento de la población que a sus 65 años está mal económicamente.

¿Cómo administrar tus ingresos para lograr tu libertad?

NUNCA VAS A TENER MÁS DINERO DEL QUE ERES CAPAZ DE ADMINISTRAR, así que manos a la obra.

Imagina que llevas a tu hijo pequeño a la heladería y, emocionado, te pide un cono con TRES bolas de helado.

Saliendo de local, se le cae todo. Llega un perro y se lo come.

Si quieres a tu hijo, no le vas a volver a comprar algo más grande de lo que pueda manejar, ¿verdad?

Imagina que a tus otros dos hijos les das 100 pesos cada domingo para que compren algo en la cooperativa de la escuela. Uno de ellos administra su dinero toda la semana y hasta guarda un poco. El otro invita a sus amigos y se acaba su dinero en dos días.

A ese segundo hijo, ¿le volverías a dar 100 pesos? No lo creo. Le darías 20 pesos diarios.

Pasa igual de adulto, si derrochas el dinero, el universo, Dios, la sociedad, la vida, el sistema (o como quieras llamarle) se va a encargar de darte MENOS, pues no sabes manejar grandes sumas.

Si no me crees, investiga un poco. Seguro vas a encontrar ejemplos de personas con ingresos tipo "montaña rusa": altos ingresos, derroche, pocos ingresos. Esto les pasa a quienes ganan la lotería o heredan sin saber administrar su dinero.

La energía del dinero debe respetarse para que te fluya de manera abundante.

Sobres de la administración financiera

Esta estrategia de administración la aprendí en un curso que tomé con Óscar Velasco Chávez y me ha sido de muchísima utilidad.

¡Muchas gracias, querido Óscar!

Esto es lo que te va a permitir generar riqueza para tener ingresos pasivos. ¡Presta atención!

Me gustaría decirte que hay fórmulas mágicas y atajos, pero no es así. Si quieres cambios en tu vida, vas a tener que hacer modificaciones.

Cada semana o cada mes haz un "corte de caja".

Después de apartar los impuestos (ese dinero no es tuyo: le pertenece a la Secretaría de Hacienda), divide tu ingreso así:

1. **10 por ciento a libertad financiera.** Este dinero no lo gastas NUNCA. Lo puedes usar solo en negocios de ingresos pasivos, pero no en un autoempleo. Es la gallina de los huevos de oro. Con el tiempo, incrementas a 15, 20, 25 y 30 por ciento. OJO: cuando ya logres un negocio muy grande, heredas sus rendimientos, pero no el negocio mismo, pues eso mataría a la gallina. *Long live the hen* (larga vida a la gallina). Aquí hablo de negocios en verdad grandes, como pueden ser Sanborns, grandes universidades, etcétera.

2. **10 por ciento de ahorro para imprevistos.** Vas juntando este 10 por ciento y lo puedes usar para una tele nueva, reparar el coche o la casa, etcétera. Hasta que no tengas el dinero suficiente, no compares la tele ni ninguna otra cosa que sea un pasivo.

   Si tienes deudas, toma 5 por ciento de aquí y 5 por ciento de gastos y vas pagando el CAPITAL de tus deudas. Busca negociar esto con tus acreedores.

3. **10 por ciento a educación.** Si no pones dinero en tu educación, te estás muriendo. Mientras más inviertas en tu educación, más crecerá tu cuenta de libertad financiera. Conforme vayas generando mayores ingresos, el porcentaje de tu cuenta de gastos va a bajar y podrás incrementar la cantidad que inviertes en tu educación.

Aquí no estoy hablando de pagar la colegiatura de tus hijos, pues eso entraría en gastos; aquí hablo de lo que inviertes en tu propia educación.

4. **55 por ciento a necesidades o gastos fijos.** Renta, comida, colegiaturas, gasolina, etcétera. Lo ideal es que baje el porcentaje. Simplifica tu vida y evita cualquier derroche.

5. **10 por ciento a juegos y diversiones.** Vacaciones, SPA, restaurantes, viajes, cursos, museos, etcétera. Con esto balanceas la parte izquierda y derecha del cerebro y, junto con la educación, es un pago que te haces a ti mismo. Cada mes debes gastarte este dinero (máximo cada tres meses). Ve a un restaurante fino o cómprate algo que te guste mucho.

Si te gastas este porcentaje en otro rubro, estarás abusando de ti mismo y eventualmente te sabotearás. A nadie le gusta ser esclavo y sería así como te estarías tratando. Tu ingreso lo generas tú y mereces darte algunos gustos.

6. **5 por ciento para donaciones.** El dinero es energía, si no puedes donar un 5 por ciento, dona tu tiempo de trabajo para una buena causa. Esta cantidad puedes irla aumentando conforme seas más próspero.

El dinero dejó de ser algo físico y se liberó del "patrón oro".

El dólar es una representación de la salud de la economía norteamericana; el peso representa la salud de la economía mexicana, etcétera.

El dinero es energía. El dinero es luz.

El diezmo es la mejor alternativa para obtener más dinero pues evita la entrada del Adversario a tus finanzas. Te protege de los celos y de la envidia.

Lo que no compartes, lo pierdes; lo que compartes, se multiplica.

Paga este porcentaje de donaciones con la conciencia adecuada:

> ➤ De forma alegre y con convicción.
> ➤ Feliz de usarlo como antídoto a la negatividad y como un acelerador de la abundancia.
> ➤ Da tiempo y dinero con buena voluntad.
> ➤ En cantidad suficiente.
> ➤ Sin esperar a que alguien te pida.
> ➤ Sin esperar reconocimiento.
> ➤ Buscando prevenir algún problema en vez de esperar a tener que rescatar a alguien.
> ➤ Entregando esa energía a una causa universal o global que busque cambiar el mundo y tener un impacto importante.

Si te ocupas de la gente, la Luz se ocupará de ti.

RESUMIENDO

> ➤ 10 por ciento a libertad financiera
> ➤ 10 por ciento a ahorro por imprevistos
> ➤ 10 por ciento a educación
> ➤ 55 por ciento a necesidades o gastos fijos
> ➤ 10 por ciento a juegos y diversiones
> ➤ 5 por ciento a donaciones

¿Te parece muy complicado?

Yo abrí dos cuentas en el banco para simplificar esto. En una cuenta pongo el 10 por ciento de todos mis ingresos (después de apartar los impuestos), pues es para mi libertad financiera. Nunca gasto ese dinero. Solamente lo uso para pagar aquello que me va a dar ingresos pasivos.

En la otra cuenta pongo el resto de mi dinero, PERO llevo una contabilidad de en qué lo uso.

Para ello tengo un sobre con papelitos y el saldo de cada rubro: impuestos, educación, gastos fijos, diversión y donaciones.

De cada ingreso que tengo saco el porcentaje correspondiente y anoto la cantidad en el papelito, como un ingreso.

Cuando pago algo, reviso el papelito (educación, gastos fijos, etcétera) y le resto esa cantidad para obtener el nuevo saldo. ¡Listo!

Hice un cálculo de cuál es mi ingreso mensual aproximado y 5 por ciento lo uso en donaciones. Busqué en internet las asociaciones donde yo deseaba donar y establecí una cantidad mensual que se me carga de manera automática.

Personalmente, me gustó el santuario Black Jaguar White Tiger Foundation, Amnistía Internacional, Fundación para Niños con Hambre y Fundación UNAM. Ya no tengo el papelito de donaciones ni hago ese cálculo pues se me carga de manera automática.

Tú puedes elegir lo que quieras, dependiendo de tus valores y preferencias.

Al principio es engorroso, pero luego te acostumbras. (Virtud 4: perseverancia) y el resultado vale la pena.

¡Ah! Un dato muy importante es saber qué hacer cuando un amigo o familiar te pide dinero prestado.

Bueno, pues en principio es mejor que no prestes tu dinero.

Si decides hacerlo, pide una garantía por ello y que se establezca por escrito. Eso hacen los bancos y para eso están.

No eres una mala persona si actúas de ese modo, a pesar de las miradas de odio que puedas recibir de quien te pide el dinero. Recuerda que es tu dinero, que tú lo generaste y que tú tienes la libertad de decidir en qué lo vas a usar.

Puedes responderle que llevas una administración muy estricta y que por el momento no puedes prestarle a nadie (no estarías mintiendo). Cuando ese familiar o amigo salga de la crisis en la que se encuentre, con afecto y empatía pregúntale si desea que le enseñes cómo administras tu dinero.

Ya sé que parezco fría e insensible y quizá no estés de acuerdo conmigo. A mí también me cuesta trabajo negarme a ayudar y lo que he hecho es REGALAR solamente un porcentaje de lo que se me está pidiendo.

Me aseguro de que comprenda que es un regalo y que no tiene que regresármelo (para no generar karmas ni dependencias). Si me insiste en pagar, le digo que mejor ayude a alguien que se encuentre en la situación en que él estaba. Con esto yo me quedo contenta y él también.

¿Por qué lo regalo? Pues porque es mucho más difícil que alguien vuelva a pedirme que le regale más dinero en vez de que le preste nuevamente. Este regalo a mi amigo lo pongo en el rubro de donaciones, al momento de administrar mi dinero.

Espero que este consejo te sirva.

En cuanto a negocios de ingreso pasivos, lo ideal es tener de 6-9 ingresos pasivos diferentes que vas a ir creando con el dinero que juntes del concepto Libertad Financiera. No te angusties por el número: los vas a crear de uno en uno.

Algunos ejemplos sencillos de ingresos pasivos son establecimientos automatizados para lavar la ropa (de esos donde pagas con tokens el uso de las máquinas); estacionamientos para autos (que requieren muy poco personal para funcionar), propiedades en renta que generan buenos ingresos, máquinas de videojuegos que puedes poner en locales comerciales de mucho tráfico, negociando esto con los dueños del local; todas las máquinas que te venden cosas con monedas, como máquinas de café, de dulces, las que venden bolsas de hielo, etcétera; renta de hospedaje en Airbnb o plataformas similares; básculas que te dan tu peso, altura y masa corporal que funcionan con monedas; máquinas que te toman la presión arterial y el nivel de oxigenación en sangre, entre otros.

¡Hay muchísimos negocios así! Vas a generar ingresos con muy poco trabajo de tu parte.

Por otro lado están las inversiones, que también te pueden generar muchos ingresos pasivos: terrenos, casas, edificios, artículos de arte, la bolsa, las divisas, las criptomonedas, etcétera.

No soy una experta en este tema, así que te recomiendo que busques la asesoría de una fuente fidedigna de información y aprendas. Yo le pago a un experto en inversiones bursátiles para poner parte de mi dinero en la bolsa y no dejarlo en el banco, que actualmente no ofrece buenos rendimientos a mis ahorros.

Si vas a poner tu dinero en la bolsa, NO ARRIESGUES NUNCA lo que estás juntando para generar tu libertad financiera; solo lo podrías poner en un portafolio de muy bajo riesgo, aunque los dividendos no sean tan altos. Recuerda que debes proteger a tu gallina de los huevos de oro.

Todo esto no es algo que logres sin hacer cambios en tu vida (Virtud 2: adaptabilidad; Virtud 3: concentración).

Esto es un juego DIVERTIDO. Alégrate por cada aumento en tu cuenta de Libertad Financiera y ve por más. No permitas que la desidia te venza.

Para aumentar tu motivación, busca tener un "propósito superior" en tus negocios, pues el ego no es un motor de crecimiento sostenible. Si solamente buscas tu prestigio, tu seguridad, tu bienestar, puedes cansarte.

Un propósito superior es, por ejemplo, el que tuvo la empresa Sony, que buscaba que el mundo se reconciliara con la imagen que se tenía de Japón después de la Segunda Guerra Mundial.

Quería que el mundo viera a los japoneses como emprendedores de vanguardia, entregando productos valiosos de alta calidad, en vez de como los guerreros kamikazes que hicieron tanto daño. Podemos decir que lo lograron, ¿verdad?

Tú también procura que tu empresa ofrezca valor a la sociedad y que te sientas orgulloso de ello. Con esto evitarás en mucho sentirte cansado o derrotado.

¿Qué pasa si tienes deudas y los intereses de tus tarjetas de crédito te están quitando la calma? Bueno, las deudas hay que pagarlas.

Tus gastos fijos no deben superar 55 por ciento de tus ingresos y ya deberías de haber aprendido a vivir de forma más frugal y simplificada. Por otro lado, debes aplicar 10 por ciento de tus ingresos a tu educación financiera, pues es lo que realmente te va a sacar del problema en el que estás.

El resto de tu ingreso (35 por ciento) lo aplicas para pagar tus deudas.

Negocia con tus acreedores de forma que ese pago se vaya directamente al capital, y no a los intereses, para que tu deuda pueda disminuir realmente.

Si tienes diferentes deudas, procura ir liquidando las más pequeñas (te va a dar una sensación de triunfo) y luego las más grandes. Haz esto siempre y cuando no te metas en problemas mucho mayores por haber dejado de cubrir una deuda, de manera temporal.

Tus amigos y familiares que te prestaron dinero tendrán que ser pacientes pues estarán al final de tu lista. Sin embargo, comunícales que estás cubriendo otras deudas y que vas avanzando; que en cuanto puedas vas a liquidar lo que les debes a ellos.

Asegúrate de mantener la comunicación con estas personas que te tendieron la mano en momentos de apuro y no pierdas su relación.
En cuanto termines de pagar tus deudas, empieza con los porcentajes originales de los sobres de la administración.

Ahora, ¿has escuchado la frase *other people's money*? Los inversionistas la usan mucho.

Esta frase se refiere al dinero de otras personas (generalmente obtenido a través de préstamos bancarios) que te genera una deuda que puede ser MUY BUENA, pues te aportará muchas ganancias.

Por ejemplo, si tienes un terreno y quieres construir un edificio en él, puedes pedir un préstamo al banco, dejando tu terreno en garantía. El banco te irá dando el dinero conforme vaya avanzando la obra y, al final, la venta o renta de ese edificio te va a generar muchas más ganancias que los intereses que tuviste que pagarle al banco.

Para esto necesitas hacer una corrida financiera en serio y tener un buen proyecto, así que guarda esta información en alguna parte de tu cerebro, pues seguramente en un futuro te será de utilidad, cuando ya logres ser un inversionista y tengas grandes ingresos pasivos.

Resumiendo, las prioridades en cuanto a tu economía:

> ➤ Haz del dinero tu amigo
> ➤ Elabora tu presupuesto
> ➤ Ten varios ingresos
> ➤ Baja tus gastos
> ➤ Busca un mentor o mentores; estudia acerca de finanzas
> ➤ Aprende de los ricos
> ➤ Prepárate para las oportunidades
> ➤ Págate a ti primero
> ➤ Paga tus donaciones
> ➤ Haz que el dinero trabaje para ti

CAPÍTULO 10

El siguiente paso lógico

La abundancia no es un número o una adquisición.
Es el simple reconocimiento de nuestra suficiencia.
Alan Cohen

Con la información que has leído hasta aquí, seguramente ya tienes muchas ideas, objetivos, planes…

Cuando deseamos lograr algo, nos imaginamos aquello que deseamos alcanzar, pero no pensamos en el camino para llegar a ello. De eso te voy a hablar.

El ejemplo del peso corporal es muy gráfico, así que voy a usarlo.

Si quieres verte delgado, flexible, ágil, etcétera, entonces piensas en ejercitar tu cuerpo y bajar 10 kilos de peso (por decir algo). Esa es tu meta y eso es lo que imaginas lograr.

Sabes que tienes que ir bajando poco a poco de peso e ir ejercitando tu cuerpo en forma gradual, para no lastimarlo.

Quizá el primer paso lógico sea ir con un nutriólogo y pedir consejo a un entrenador para tener una rutina inicial de ejercicio.

El siguiente paso será comprar alimentos saludables y lo que necesites para ejercitarte (ligas, pelotas, pesas, inscripción en un gimnasio.

Luego lo lógico será levantarte media hora antes y hacer tus ejercicios, así como apegarte al régimen alimenticio durante el día.

Deberás perseverar y hacer lo mismo que el día anterior. Esto lo repites varios días.

El siguiente paso será consultar con el nutriólogo y el entrenador y hacer los ajustes necesarios en dieta y ejercicio para los siguientes días.

Y así te vas hasta lograr tu meta.

Cualquier otra cosa que sea lo que tú quieres lograr debe tratarse de la misma manera: primero visualizas el resultado final y luego vas haciendo pasos hasta alcanzarla.

Si quieres libertad financiera:

El primer paso lógico será hacer tu presupuesto.

El siguiente paso lógico será recortar gastos innecesarios.

El siguiente paso lógico será administrar tus ingresos (ya te enseñé cómo).

El siguiente paso lógico será perseverar en la administración el tiempo necesario hasta que puedas establecer tu primer ingreso pasivo.

El siguiente paso lógico será continuar con la administración hasta lograr tu segundo ingreso pasivo.

El siguiente paso lógico es igual al anterior y así hasta que logres de 6-9 ingresos pasivos diferentes.

Con esto, ya comienzas a tener libertad financiera. ¡Yay!

Bueno... Pareciera un camino muy largo. Sin embargo, sin importar cuáles sean tus ingresos el día de hoy, yo te aseguro que puedes lograrlo.

Dependiendo de tu situación particular, decide qué objetivos quieres y segméntalos en pasos lógicos que te lleven a lograrlos.

Cada paso lógico se convierte en un pequeño objetivo a lograr, que te lleva al siguiente paso lógico, y así hasta alcanzar tu meta.

Decide HOY que vas a hacerlo y decide con fuerza y determinación.

Hay un truco para mantener tu fuerza de voluntad y es recordar el por qué estás haciendo lo que haces, recordar constantemente aquello que deseas lograr en tu vida. Por eso es muy importante mantenerte enfocado.

En serio, tener imágenes de aquello que deseas lograr y verlas constantemente pueden ayudarte mucho. Incluso si tú crees que ya no haces caso a esas imágenes gastadas, tu inconsciente sigue registrándolas y está trabajando a tu favor para llevarte a donde deseas llegar.

Al ver estas imágenes con frecuencia vas a ir cambiando tu enfoque y por eso es importante hablar de hábitos y postulados.

CAPÍTULO 11

Hábitos, postulados, decretos

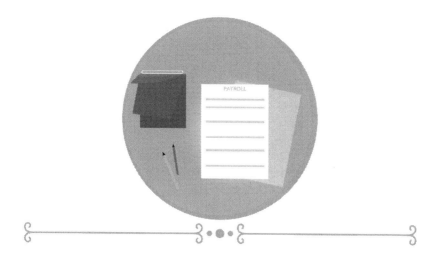

Acaricia tus visiones y tus sueños, ya que son los hijos de tu alma, los planos de tus logros finales.
Napoleon Hill

Imagina los hábitos como senderos neuronales fortalecidos. ¡Son grandes avenidas! Anchas, con semáforos, topes, camellón y vendedores ambulantes.

Son el camino que conoces muy bien y que utilizas frecuentemente. Es tu zona de confort.

Todos tenemos un conjunto de hábitos que nos mantiene en nuestra zona de confort. Cuando queremos eliminar un hábito, salimos de esa zona de confort y nos cuesta trabajo. Salimos de la carretera de nuestros senderos neuronales y transitamos por brechas en mal estado.

¿Cómo podemos eliminar un hábito de manera más fácil? Bueno, pues necesitas de un hábito para acabar con otro hábito.

Hace algunos años terminé con un novio al que amaba profundamente. Cada vez que lo extrañaba, me enojaba conmigo y me ponía a trabajar.

Hice mucho dinero y se me acabó la tristeza. Actualmente lo recuerdo con mucho cariño, pero sin sufrimiento.

Te paso el tip ☺

Si quieres terminar con un hábito o costumbre (cualquier problema), tienes que tomar otras rutas y fortalecerlas.

Cada vez que pienses en ese problema, enfócate en lo opuesto y busca ejercerlo.

Por ejemplo, si tu problema es escasez de dinero, enfócate en la abundancia de todo lo que te rodea.

OK, ya sé que no tienes abundancia de dinero (aparentemente), pero puedes enfocarte en el montonal de dinero que se ha invertido en ti para que hoy estés vivo: nutrición, ropa, vestimenta, diversiones y juegos, educación, agua y jabón para asearte, etcétera. Ha sido una fortuna, ¿verdad?

Reconocer esto y agradecerlo es el primer paso.

Ahora, enfócate en la abundancia de otras cosas: miles de hormigas que llegan cuando dejas un pedazo de pan dulce, miles de hojas que forman el follaje de cada árbol, todo el aire que necesitamos para respirar, que es suficiente para todos los días de nuestras vidas, millones de estrellas en el firmamento... Este universo ES ABUNDANTE. Reconocerlo es el segundo paso.

Con esa conciencia de agradecimiento y abundancia, imagina que tú tienes, ahora sí, abundancia económica. Imagínalo en todos sus detalles. Regocíjate en esa ensoñación todas las veces que puedas durante el día.

Con esto fortaleces el hábito de enfocarte en la prosperidad y abundancia en vez de la escasez. Vas a estar mejor preparado para reconocer y aprovechar las oportunidades que lleguen a tu vida.

Piensa que tu mente es tu constante compañera y vives con ella 24 horas al día, cada día de tu vida.

Dependiendo de qué la alimentes y en qué la enfoques, puede ser tu gran amiga o tu peor enemiga.

Tú eres quien la dirige y el único responsable de los resultados que obtengas.

En general, cuidamos mucho lo que comemos y ponemos atención en ejercitarnos para mantenernos sanos, pero descuidamos procurar que nuestros pensamientos sean progresistas y alegres, cuando es realmente eso lo que nos puede llevar a un estado de mayor felicidad y autorrealización.

Cambia tu manera de pensar: busca el OPUESTO de aquello que deseas resolver y enfócate en ello.
Así como tenemos ideas limitantes con respecto al dinero, necesitamos ahora generar creencias positivas que nos ayuden a generar nuestra riqueza.

Quizá pienses que te estarías lavando el cerebro y en parte así es, pues hay que debilitar las creencias "sucias" que te podrían limitar.

Imagina que estás haciendo limpieza de tu armario para sacar lo que ya no te gusta y dar espacio a cosas nuevas y lindas. Eso mismo es lo que estarías haciendo con tu sistema de creencias.

Te pongo una lista de ejemplos de postulados o decretos que podrían servirte. Escoge de 2-4 que creas que son de mayor beneficio para ti y repítelos varias veces al día.

- Me siento rico(a)
- Me gusta (quiero, amo) el dinero
- Atraigo dinero fácilmente
- Estoy recibiendo dinero constantemente
- Tengo dinero más que suficiente
- Estoy listo para recibir más y más dinero
- Soy un imán para el dinero
- Siempre tengo más de lo que necesito
- Mis ingresos son cada vez mayores
- Tengo el poder de atraer dinero
- El dinero fluye hacía mí fácilmente
- Todos los días estoy atrayendo más y más dinero
- El dinero y la prosperidad siempre están conmigo
- Mi conciencia con respecto al dinero siempre está evolucionando y me mantiene en afluencia
- Tengo una mentalidad positiva hacia el dinero
- Mis ahorros siempre están creciendo
- Mis ingresos crecen automáticamente
- El éxito financiero es mío y lo acepto ahora mismo
- El éxito es mío
- Hay más que suficiente para todos
- Atraigo dinero naturalmente
- Entre más contribuyo con los demás, más dinero soy capaz de generar
- Entre más disfruto la vida, más riqueza genero
- El dinero fluye hacia mí fácilmente de diferentes fuentes de ingreso
- Mis ingresos son mayores que mis gastos y compromisos
- Cada día soy más libre, financieramente hablando

CAPÍTULO 12

Internet, app, plataformas, redes sociales

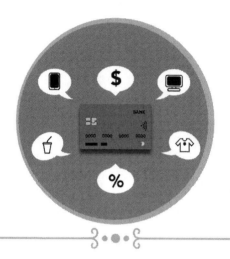

Alégrate de lo que tienes, regocíjate con las cosas como son. Cuando te das cuenta de que no te falta nada, todo el mundo te pertenece.
Lao-Tzu

Internet ha generado muchos negocios *on-line* y sigue habiendo muchas oportunidades en ese campo, más ahora con el confinamiento que hemos vivido a nivel mundial debido a la pandemia.

Muchas áreas han adquirido relevancia, como es el *home office* y el *home schooling*.

Si quieres abrir un negocio *on-line*, busca expertos que te asesoren (Virtud básica 1: sabiduría). El mundo está cambiando y con ello surgen nuevas oportunidades.

Sin embargo, si no puedes tener un negocio básicamente *on-line*, sí puedes automatizar muchos de los pasos en tu forma de generar ingresos. Investiga todo lo que puedas acerca del tema, pues la idea es liberar parte de tu tiempo para permitirte crecer o expandirte a otros negocios de ingresos pasivos.

Tu meta debe ser liberar tiempo en tu agenda, sin menoscabar la cantidad y calidad de lo que produces.

Tus productos y servicios deben tener presencia en internet. No aplaces más esta estrategia, pues cada día será más importante para generar ingresos.

Invierte en tu educación y aprende el manejo correcto de las redes sociales, la oportunidad de las membresías (tanto de contenido como de servicios), las diferentes apps y plataformas que pueden apalancar tus negocios, etcétera.

Ya sé que es mucho por aprender, pero si no empiezas a hacerlo, te vas a quedar rezagado y el mundo te parecerá cada vez más incomprensible.

Con la pandemia, el mundo ya cambió y ahora tenemos que hacerlo nosotros para adaptarnos y tener más posibilidades de sobrevivencia. Yo no soy dígito-nativa y estoy pagando una suma importante de euros en mi entrenamiento pues no quiero quedarme atrás.

Muchos negocios y ventas se generan ahora en línea y a través de redes sociales, como Instagram, Facebook y otras. De hecho, ser *influencer* o tener muchos seguidores se ha convertido en un ingreso pasivo para muchas personas.

Generar una membresía, donde los afiliados paguen de forma mensual o anual por los contenidos que entregas, es una forma muy común de ser consultor y generar buenos ingresos recurrentes con relativamente poco trabajo.

Tener una página web y un blog son plataformas de venta y de promoción que antes no eran tan importantes. Acércate a conocer cómo funcionan y cómo podrían ser parte de tus ingresos pasivos.

Membresía, mentoría en línea, *master class* y curso *on-line* son conceptos que se harán más populares cada día.

Recuerda invertir en tu educación y busca material que hable de las nuevas tendencias para generar riqueza y de las proyecciones a futuro de la sociedad en general. Además de sorprenderte, te vas a divertir con los cambios que están tocando a nuestras puertas.

Sobre nuestras cabezas pende el adjetivo prepandémico, significando arcaico, no adaptado, no resiliente, viejo, anticuado y en desuso.

Obvio, los prepandémicos tienen mucho menos posibilidades de generar su libertad financiera y prosperar. Quizá se conviertan en los próximos dinosaurios y se extingan... Que no te suceda esto.

¡Ponte creativo!

CAPÍTULO 13

O.D.A.

*La prosperidad pertenece a aquellos que aprenden
cosas nuevas lo más rápido posible.*
Paul Zane Pilzer

Ahora, ya con todo lo que has leído, falta dar un poco de orden a las ideas que deben estar surgiendo en ti.

¿Quieres ahorrarte TIEMPO, DINERO y PROBLEMAS?

Te recomiendo seguir este camino:

Observa
Decide UNA SOLA VEZ con firmeza (no necedad)
Actúa

Apréndetelo: **O.D.A.**

1. **Observa e infórmate todo lo que quieras, pero pon un límite para tomar tu decisión.** Por sencillo que sea tu tema de estudio, te podrías pasar años estudiándolo: ¡no lo hagas! Ponte una fecha límite para recabar información y tomar una decisión.

Siempre habrá aspectos que ignores y está bien. Si esperas a que todos los semáforos estén en verde para iniciar tu recorrido, nunca vas a empezarlo.

2. **Una vez que tomas tu decisión, cúmplela.** Por ejemplo, hay quienes siempre llegan tarde a sus citas, tomando varias decisiones antes de llegar: primero decidieron llegar a cierta hora, luego cambiarla, después decidieron llegar tarde (la hora que cambiaron). ¿Te das cuenta?

Tomaron al menos tres decisiones en vez de una.

Tomar varias decisiones requiere de recursos mentales y genera estrés o desgaste. Te costará (en este caso), que la persona que te espera esté enfadada, que no esté receptiva a tus propuestas, etcétera.

TIEMPO, DINERO y ARMONÍA son las monedas más gastadas.

Por otro lado, también hay quienes deciden, PERO siguen observando al mismo tiempo, por lo que su decisión nunca es firme.

Son quienes decidieron meterse a nadar, pero van entrando de a poquito en la piscina.

¿En serio crees que ese grado de compromiso te va a generar algún éxito? Yo no lo creo.

Ya sea que inicies una relación, trabajo, dieta, limpieza

de tu casa, la estrategia de administrar tu dinero, o cualquiera otra cosa, un compromiso a medias te va a llevar a un lugar peor que en el que actualmente te encuentras.

Arriésgate y entra con determinación.

3. **¡A darle!** Actúa teniendo en cuenta tu objetivo. Haz los pasos lógicos que te lleven a avanzar. Actúa de manera consistente (no de forma eventual) hasta lograr un avance real.

Una vez que logres tu avance, es momento de hacer retroalimentación y repetir el ciclo de O.D.A. Al volver a observar, puedes hacer ajustes a tu proceso creativo.

Llevar estadísticas de progreso hará que no caigas en necedades y puedas corregir el rumbo cuando sea necesario hacerlo. Te puede parecer engorroso, pero el resultado valdrá la pena.

CAPÍTULO 14

Elevador causa/efecto

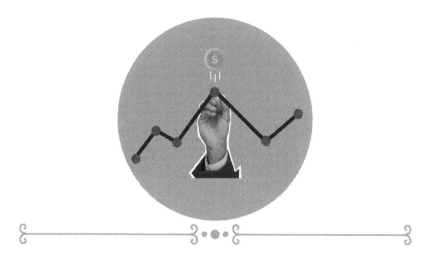

*Sólo triunfa en el mundo quien se levanta y busca
las circunstancias y las crea si no las encuentra.*
George Bernard Shaw

E ste elevador te ayudará mucho a determinar dónde
te encuentras actualmente y así podrás llevar tus
estadísticas más fácilmente.

Imagina un elevador con 10 pisos, donde la planta baja se
llama EFECTO y el piso más alto se llama CAUSA.

Tú sabes que los elevadores pueden subir y bajar. Si estás
en la planta baja de EFECTO y quieres llegar al quinto piso,
tendrás que pasar, aunque sea de manera rápida, por los
pisos uno, dos, tres y cuatro.

Este elevador funciona así: no puedes brincar de un piso

a otro sin pasar por los pisos intermedios entre tu destino y tu origen.

Los pisos extremos del elevador son causa y efecto, pues son los extremos en los que nos podemos encontrar (en cualquier área de nuestra vida).

Todos queremos ser causa, para elegir con libertad nuestras condiciones de vida. Ser efecto es permitir que alguien más, o nuestro entorno, decida por nosotros.

En la posición de causa tenemos todo el poder para crear lo que queramos, mientras que en la posición de efecto somos esclavos de las decisiones de los demás y no tenemos ningún poder para crear lo que queremos.

Primero te presento este elevador y luego te lo explico:

1. Causa
2. Responsabilidad
3. Colaboración
4. Validación
5. ADQUISICIÓN
6. Despilfarro
7. Suplente
8. Despilfarro del suplente
9. Privación
10. Buscando validación
11. Buscando colaboración
12. Efecto

Imagina que estás en la posición de ADQUISICIÓN y vamos a revisar la escala hacia arriba y hacia abajo.

Primero hacia abajo:

Aparece el DESPILFARRO y, al no tomar responsabilidad

de lo que adquiriste (no lo verificas, no le das la condición de verdadero y real), entonces lo derrochas.

Esto pasa por ejemplo con las herencias o los premios grandes de la lotería, donde no puedes verificar el valor y la importancia reales de lo adquirido y, por ello, lo despilfarras. También, cuando obtienes un empleo por recomendación o por actos ilegales (como pagar por la plaza), pero realmente no estás preparado para ejercer tu cargo. Despilfarras tu empleo pues no lo valoras ni aportas nada.

Luego, te buscas un SUPLENTE para sustituir lo que ya no tienes, pero también DESPILFARRAS al SUPLENTE. Aquí es cuando consigues otro empleo, usando las mismas malas mañas, y también lo despilfarras hasta perderlo.

Aparece la PRIVACIÓN, que es cuando hablas de aquello que antes tenías. Son las personas que viven de sus glorias pasadas, pero que actualmente no están logrando nada. Son personas que te presumen lo grandioso que fueron en el pasado, pues ahora no tienen nada de qué sentirse orgullosos.

Posteriormente, BUSCANDO VALIDACIÓN es cuando se te debe escuchar y dar por verdadero lo que tú presentas. Estas son las personas que buscan que les des la razón, que te pongas de su lado, que des por veraz lo que te cuentan de lo que alguna vez adquirieron.

Es increíble cómo podemos ser muy creativos para generarnos audiencias que nos escuchen, ¡incluso a nivel masivo en conferencias!

Aparece BUSCANDO la COLABORACIÓN de los demás. Aquí la persona no solo busca que le des la razón, sino que colabores con ella para salir de sus problemas. Préstamos, regalos, entrevistas y referirte con sus conocidos, hablando bien de ti, etcétera.

Hasta que finalmente llega al estado de ser EFECTO y no tienes ningún control en tu vida. Aquí ya no solamente necesitas ayuda, sino que debes ser rescatado. Son las personas que ya *tiraron la toalla*, que ya se rindieron, que ya no intentan nada, pues ya no tienen ningún poder ni control de su situación. Pueden llegar incluso a ser limosneros.

Por el contrario, si nos posicionamos en el quinto piso de ADQUISICIÓN y nos movemos hacia arriba:

Lo que tienes lo VALIDAS, le das realidad y lo consideras verdadero. Puedes ver con tranquilidad aquello que tienes, sin sentir ansiedad ni unas ganas locas de derrocharlo. Obtuviste ese puesto por méritos propios, así que te sientes a gusto con el cargo.

COLABORAS entregando un producto o servicio valioso a la sociedad. Aportas valor a tu puesto a través de tu trabajo en él.

Sigues subiendo y llegas al piso de RESPONSABILIDAD, haciéndote responsable no únicamente de tu trabajo, sino también del impacto que tiene en los demás. Te das cuenta de ello y lo aceptas.

Tu puesto de trabajo es más que cumplir con las tareas que te asignaron: ahora ves el efecto que esto tiene en los demás y te haces responsable, tratando de colaborar con todos.

Por supuesto, te haces responsable de los ingresos que estás generando con tu trabajo.

(En mi historia, por creencias limitantes, yo traté de que alguien más tomara la responsabilidad por mis ingresos y terminé perdiéndolos. ¿Recuerdas? Pues aprende en cabeza ajena y no delegues nunca tu responsabilidad).

Finalmente llegas al piso 10 de CAUSA, que es el más alto del elevador. Aquí puedes ser causa de muchas de tus condiciones en tu trabajo (y tus ingresos). Por ejemplo, al ser consciente de los efectos de tu trabajo en los demás y colaborar con ellos, seguramente te promoverán a un puesto de mayores responsabilidades.

Repites el proceso desde el quinto piso de ADQUISICIÓN de tu nuevo puesto y cada vez tienes más control de tu vida y de tus ingresos.

Tú estás creando tus condiciones y vas muy bien.

Quizá no todos hayamos vivido la experiencia de recorrer toda la escala en cuanto a nuestros ingresos, pero seguramente hemos recorrido toda o gran parte de la misma en cuanto a tener una pareja.

Voy a hacer el mismo ejercicio con este ejemplo, para darle mayor claridad, pues es un concepto muy importante que te permitirá evaluarte y saber cuál es tu siguiente paso.

OK, imagina que tienes una pareja (novio, esposa, Jules, galán, el indicado, tu *plus one* o como lo llames). Esa relación es tu nueva ADQUISICIÓN y te encuentras en el quinto piso.

¡Felicidades! La experiencia de tener pareja puede ser muy linda y empoderante. Hay muchas cosas que son más fáciles de lograr estando en pareja que estando solo.

Para subir en el elevador, debieras validar tu situación de que ahora estás en pareja, pero imagina que no lo haces (por ejemplo tomar decisiones en soledad, cuando debieran tomarse en pareja, romper acuerdos con esa persona, como llegar siempre tarde, etcétera.)

Entonces caes en DESPILFARRAR a tu pareja. La consideras

como algo seguro que puedes dejar de atender y piensas que no necesitas hacer ningún cambio en tu vida para conservarla.

Sales con amigos a beber y te divierte tratar de cortejar a alguien más (solo por diversión, tú consideras que no estás haciendo nada malo). También decides invertir una suma enorme de dinero que va a cambiar tu vida, pero esta decisión no la comentas con tu pareja hasta que ya es un hecho. Y así te vas con más cosas.

Tu pareja sentirá que no es parte de tu vida y terminarás perdiéndola por haberla despilfarrado.

Ni modo.

Consideras que fue culpa de tu pareja pues esa persona (te dices) buscaba controlarte y era muy acaparadora o controladora.

Rápidamente te consigues un SUPLENTE y ya tienes otra pareja. ¡Bien! Te sientes feliz y lleno de ilusiones.

No obstante, repites el patrón con el mismo resultado, perdiendo ahora al suplente.

Puedes conseguirte varios suplentes y terminar despilfarrándolos hasta perderlos.

Ahora BUSCAS SER VALIDADO, que te den la razón. Sales con tus amigos y hablas de las parejas que tuviste (probablemente diciendo que tod@s son iguales).

Cada vez se vuelve más frecuente tu discurso y buscas que se te escuche. Te vuelves monotemático.

Como ya no puedes encontrar pareja tan fácilmente,

entonces BUSCAS COLABORACIÓN y pides a tus amigos que te presenten candidat@s y que les digan que eres muy buena persona. Si llegaras a tener un nuevo suplente, repetirías el patrón de despilfarro hasta perderlo.

Finalmente llega el momento en que ya no tienes ningún poder para generarte a ti mismo una pareja. Has llegado al piso más bajo, al piso del EFECTO. Mejor desistes y te dedicas a otra cosa.

Te pierdes así la oportunidad de muchas lecciones y aprendizajes y quizá de una vida muy próspera y armoniosa en pareja.

No es una situación agradable.

Mejor vamos ahora a ver qué haces para subir en la escala:

Tienes una pareja y estás muy contento e ilusionado. Estás en el quinto piso de ADQUISICIÓN y vas para arriba.

Validas tu situación y permites hacer algunos cambios en tu vida. Le das realidad e importancia a tu pareja. Procuras hacer algunos acuerdos básicos y los respetas.

Por ejemplo, si llegaras a tener una oportunidad de trabajo que implicara que te fueras a vivir a otro lado muy distante por un largo tiempo, hablarías con tu pareja antes de tomar una decisión. Lo mismo harías para compromisos como vacaciones, navidad, etcétera. La opinión de los dos debe tomarse en cuenta y así lo haces.

Con base en los acuerdos que establecieron y el conocimiento que tienes de tu pareja, colaboras lo suficiente en tu relación (no necesariamente con dinero: también al escuchar y comprender, dando ideas de progreso, con detalles y regalos que sabes serán bien recibidos, entre otras cosas.) OJO: aquí es muy importante que haya un balance sano entre lo que das y lo que recibes, que el intercambio dar-recibir sea más o menos igual y te haga sentir cómodo.

Llegas al siguiente nivel, que es RESPONSABILIDAD. Aquí tomas como tu responsabilidad la unidad de pareja, que es diferente a la unidad tuya y a la unidad de quien es tu pareja. O sea, "pareja" se convierte en una unidad de la cual te haces responsable. Por supuesto, eres responsable solidario de lo que ocurra en la pareja.

No está permitido ignorar las señales de enojo o decepción de tu pareja, aunque te diga que *no tiene nada* y que está muy bien. Tú sabes que no está bien y debes resolver la situación. Eso es tomar responsabilidad.

Tu herramienta más valiosa para resolver cualquier conflicto es la comunicación. Aprendan ambos a comunicarse de manera eficaz y empática (hay profesionistas muy buenos que enseñan este tema; inviertan en su educación y no se van a arrepentir).

Con esto has llegado, junto con tu pareja, al mejor nivel del elevador. Ahora son causa de su situación y pueden elegir qué desean. Han logrado una pareja armoniosa y próspera. Muchas cosas los esperan desde esta posición de poder. Ahora sí: ¡a crear lo que quieran!

Espero que, con estos dos ejemplos (dinero y pareja), me haya podido explicar y puedas ahora valorar tus resultados en cualquier área de tu vida, en especial en las finanzas, pues es el tema de este libro.

Grosso modo, es una forma de evaluar dónde te encuentras, de conocer qué debes hacer para prosperar y de hacer seguimiento a tus avances, cuidando siempre que vayas hacia arriba.

Esto no sustituye las estadísticas que debieras llevar en una empresa más grande, pero con este elevador sabrás qué has estado haciendo mal y podrás corregirlo a tiempo.

Conclusión

Ya sea que quieras pagar deudas, ganar un poco más o ganar muchísimo más, recuerda los Conceptos Básicos que expliqué al principio y revisa que tus objetivos o metas estén alineados con tus valores esenciales.

Si tienes creencias limitantes, por favor busca sanarlas, ya sea con postulados contrarios a ellas o, de ser necesario, con sesiones de terapia de acompañamiento o sanación espiritual. Búscame a mí o a alguien profesional para que te ayude en tu proceso.

Sé disciplinado en la administración de tus ingresos y protege a tu gallina de los huevos de oro. La cuenta de Libertad Financiera solamente puedes usarla para invertir sin riesgo o iniciar nuevas fuentes de ingresos pasivos.

Lleva estadísticas de tus logros, pues así podrás hacer los ajustes necesarios a tu plan de acción en el mejor momento.

Muchas más ideas, en cuanto a lo que es sanar tus finanzas, se quedaron en el tintero. Consideré que o ya estaban muy expuestas en otros libros semejantes a este o requerían de un curso o de una sesión para atenderse de manera más personalizada.

Tienes con esto excelentes bases para comenzar a trabajar, desde ya, el sanar tus finanzas y lograr tu libertad financiera. Estás por entrar a una nueva versión de ti mismo, así que recuerda que las personas inmóviles se encuentran incómodas con aquellas que están en continua evolución, pues estas últimas siempre escapan a sus etiquetas.

Aunque sea solamente para despistarlos, tú continúa evolucionando y genera toda la riqueza que deseas.

Si has tratado de cambiar a otra persona y no lo has conseguido, date cuenta de que a quien sí puedes cambiar es a ti mismo.

Ese cambio también puede incluir tomar distancia de personas a quienes aprecias, pero que son tóxicas para ti. No te desanimes si esto sucede: vas por buen camino y llegarán a tu vida personas que te aporten mucho más valor.

Por supuesto que hay muchísimo más que decir acerca del tema de sanar tus finanzas, pero quise poner los extractos o perlas que pudieran servirle a prácticamente todo el mundo.

Hay muchísimo contenido en libros, internet y cursos que hablan de sanar tus finanzas y todos son valiosos. Así como tú alguna vez diste un consejo a un amigo, a un familiar, a un hijo, y no te hizo caso hasta que el mismo consejo lo escuchó de alguien más, así es esta información. Necesitamos escucharla de varias fuentes hasta que *nos cae el veinte*, tenemos un *insight* y decidimos hacerle caso.

Yo espero haber despertado en ti ese *insight* y que te comprometas a tomar tú las riendas de tu economía y de tu vida en general.

Para una atención más cercana, te recomiendo asistir a mi curso **Limpia, Nutre, Florece en Finanzas,** o solicitar una sesión individual para un tratamiento personalizado.

Te deseo muchísimo éxito y te felicito por tu empeño de prosperar.

¡¡BONOS!!

Si llegaste hasta esta parte de mi libro, recibe mi más

sincero agradecimiento y también mi reconocimiento, pues con ello demuestras que realmente estás interesado en tu preparación para lograr tu libertad financiera. ¡Muchas gracias y muchas felicidades!

En reconocimiento a tu empeño te ofrezco un bono adicional a este libro, a escoger entre estas dos promociones:

1. Una sesión por Zoom de una hora aproximadamente, dentro de un grupo pequeño, de no más de 10 personas. Aquí podrás exponer tus dudas con base en tu situación particular.

2. Una sesión de sanación intuitiva al 50 por ciento de descuento. La sesión, de una hora de duración, actualmente tiene un costo regular de $2,220.00 pesos mexicanos, por lo que tú estarías pagando solamente $1,110.00 pesos. Si llegara a aumentar el precio de la sesión, a ti te seguiría cobrando solamente el 50 por ciento del precio vigente en esa fecha.

¡Pero actúa ya!

Al dinero le gusta la velocidad, así que demuestra que estás dispuesto a poner acción en tu vida y hacer los cambios que sean necesarios para lograr lo que deseas.

Estos bonos tendrán vigencia solamente durante el año 2021.

Mientras más rápido decidas tomar responsabilidad de tu situación, más rápido saldrás adelante con éxito. Puedo ayudarte a acelerar este proceso.

Mándame un mensaje con el título QUIERO MI BONO PARA PROSPERAR, dándome tu nombre, tu celular, tu correo electrónico y tu ciudad de residencia, para acordar un horario, ya sea para la sesión de sanación intuitiva o para la reunión vía Zoom.

Menciona, por favor, qué bono es el que elegiste. (Solo uno de estos dos y por tiempo limitado, así que apresúrate).

Aparta tu lugar cuanto antes vía WhatsApp o correo electrónico.

¡Acá te espero!

Silvia Torres Argüelles

Silvia Torres Argüelles es licenciada en Pedagogía y conferencista internacional en temas de liderazgo, relaciones interpersonales, finanzas y optimización del tiempo en el manejo de la agenda.

También es terapeuta de acompañamiento energético con diversas técnicas y comunicadora interespecies.

Datos de contacto

Silvia Torres Argüelles

WhatsApp: (+52) 55-6316-8025

E-mail: silviatorresarguelles@yahoo.com.mx

Facebook: Silvia en Consciencia
https://www.facebook.com/SesionIntuitivaAngelical

Twitter: @silviaenconsci1
https://twitter.com/home

Instagram: Silvia en Consciencia
https://www.instagram.com/silviaenconsciencia/

Bibliografía básica recomendada

La siguiente lista es solo una recomendación de lectura de los libros que a mí más me han gustado y que considero pueden ayudarte.

Por favor, busca la información precisa de tu área de acción y revisa que la fuente sea de buena calidad.

1. **Los 7 hábitos de la gente eficaz**
   Stephen R. Covey
   Paidós, México, 6ª reimp., 1993.

2. **Pensar en grande**
   David J. Schwartz
   Editorial Herrero Hnos., 44ª ed., 1997.

3. **Los secretos de la mente millonaria**
   T. Harv Eker
   Editorial Sirio, 11ª ed., 2005.

4. **Secretos de la riqueza del 1%**
   Sam Wilkin
   Editorial Quarzo, 2016.

5. **El efecto compuesto**
   Darren Hardy
   Editorial SUCCESS Books, 2011.

6. **Acres of diamonds**
   Russell H. Conwell
   Editorial Tremendous Life Books, 2004.

7. **The science of getting rich**
   Wallace D. Wattles
   Thrifty Books, 1st edition, 2009.

8. **¡Esto funciona!**
   R. H. Jarret
   Editorial BN Publishing, 2012.

9. **Como piensa el ser humano, así es su vida**
   James Allen
   Editorial Taller del Éxito, 2013

10. **¡Tráguese ese sapo!**
    Brian Tracy
    Editorial Empresa Activa, 1ª reimp. 2015.

11. **The power of your subconscious mind**
    Joseph Murphy
    Wilder Publications, 1st edition, 2007.

12. **The strangest secret in the world**
    Earl Nightingale
    Merchant Books, 2013.

13. **El juego de la vida y cómo jugarlo**
    Florence Scovel Shinn
    Editora y Distribuidora Tomo II, 1ª ed., 1992.

14. **Three feet from gold**
    Sharon L. Lechter & Greg S. Reid
    Sterling Publishing, 2009.

15. **La escuela de negocios**
    Robert T. Kiyosaki
    Prisa Ediciones, 2ª ed., 2013.

16. **Fuera de serie**
    Malcolm Gladwell
    Penguin Random House, 1ª ed. Debolsillo, 2016.

17. **The automatic millionaire**
David Bach
Broadway Books, 2004.

18. **Mi primer millón**
Charles-Albert Poissant y Christian Godefroy
Editorial Atlántida, 13ª ed., 2002.

19. **Mi mentor, un millonario**
Steven K. Scott
T&M Editores, 2007.

20. **El hombre más rico de Babilonia**
George S. Clason
Ediciones Castillo, 24ª ed., 1976.

21. **The millionaire next door**
Thomas J. Stanley & William D. Danko
Pocket Books, 1996.

22. **Padre rico, padre pobre**
Robert T. Kiyosaki y Sharon L. Lechter
Editorial T&M, 3ª reimpresión, 2001.

23. **Piense y hágase rico**
Napoleon Hill
Editorial Bruguera, 14ª ed., 1984.

24. **El éxito es una habilidad que se aprende**
Óscar Velasco Chávez
Ideas en Proceso, 1ª ed., 2015.

Made in the USA
Middletown, DE
20 November 2021